税理士を悩ませる

相続・贈与の土地評価Q&A 100選

不動産鑑定士
鎌倉靖二 [著]

ぎょうせい

はじめに

　土地は個別性が強いため、実務では市販の専門書やネット情報では解決できない悩ましい事例に多数出合います。したがってその都度判断し、自ら解決していかなければなりません。そして申告後もその判断が正しかったのか、税務調査で指摘されないだろうか、と常に不安がつきまといます。

　このような相続実務の中で生じる疑問点に対し、評価の方向性のひとつを示したのがこの書籍です。

　筆者のところには、税理士・会計士の先生方が実務で直面する「悩ましいこと」が「解決しなければならない課題」として毎日数多く寄せられます。私はその先生方からの「解決課題」つまり生の現場から生じる個別の具体的な質問を毎日千本ノックのように浴び、回答し続け解決のお手伝いをしています。

　その回答は財産評価基本通達、国税庁HP質疑応答事例はもちろん、過去の判例、国税不服審判所の裁決例、市販の専門書の解説等をベースにしており、そこに土地の時価の専門家・不動産鑑定士としての視点をプラスしたものになります。

　土地の時価は1円単位で決まるものではありません。幅があります。

　私たち評価に携わる者は時価を大幅に上回るような過大評価を防ぎつつ、市場相場の範囲内かつ適正な「落としどころ」に評価額を落ち着かせる必要があります。

　時には「時価として正しいか」に時間をかけるよりも「いかに税務署に是認されるか」に軸足を置いてスピーディーに相場範囲内の評価額を算出することも求められます。

土地評価の考え方、捉え方は様々あって正解もひとつとは限りません。多様な現場実務の中においてこの書籍の回答が解決策・方向性のひとつとして参考になるのであれば幸いです。

　令和4年7月

不動産鑑定士　**鎌倉靖二**

Contents

4 税理士を悩ませる「私道」 37〜44

5 税理士を悩ませる 「利用価値が著しく低下している宅地」 45〜50

税理士を悩ませる 「評価単位、地目判定」

1-1 1,500㎡の土地の一部に床面積50㎡の平屋の倉庫が建っている場合の評価単位

Q 約1,500㎡の土地の一部に床面積50㎡の平屋の倉庫が建っています。倉庫以外の部分は未利用の雑種地です。このような場合、評価単位を2つに分けた方がいいと思うのですが、評価単位ごとの面積内訳はどのように算出すればよろしいのでしょうか？宅地部分は50㎡、雑種地は1,450㎡でよろしいでしょうか？

A 宅地部分の面積は建物の床面積ではなく、現実に宅地として利用している部分、つまりは建物周りのスペース（屋根の軒の出、通路、プロパンガス、エアコンの室外機など）も含めて宅地の面積とするのが一般的です。

物理的にブロック塀などで仕切られている範囲で判断しても結構です。

建ぺい率で割り戻すというのもひとつのやり方です。（平屋の床面積÷建ぺい率）例えば建ぺい率50％の地域であれば、50㎡÷0.5＝100㎡が宅地、雑種地が1,400㎡ということになります。

また、評価対象地が市街化調整区域にある場合は、役所に行けばその倉庫を建築したときの開発許可を受けた開発区域の面積がわかるはずですので、宅地面積は開発許可を受けた開発区域の面積になります。

色々な考え方がありますが、今回の場合、宅地部分が平屋の床面積と

一致する50㎡というのはおすすめできません。現地の利用状況や役所で確認できる資料などから50㎡より広い面積を念頭に、総合的に判断してください。

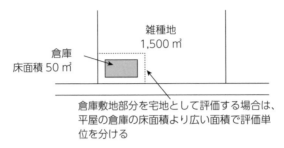

雑種地
1,500 ㎡

倉庫
床面積 50 ㎡

倉庫敷地部分を宅地として評価する場合は、
平屋の倉庫の床面積より広い面積で評価単
位を分ける

1-2　自宅敷地に隣接する畑の評価単位

Q 　評価対象地は中間画地ですが、道路側に宅地、裏に畑があります。畑部分は道路に接していません。

　このような場合、裏の畑はどのように評価すればよいのでしょうか？

　宅地と一体で評価するのでしょうか、それとも宅地と畑は別の評価単位になるのでしょうか？

A 　まず評価単位ですが、家庭菜園のような畑であれば庭の一部と捉えて全体を宅地として一体評価します。畑が農作物を出荷しているような場合や規模が大きい場合は、宅地と畑は別の評価単位となります。

　そして別々の単位で評価する場合の畑の方の評価は、次図のように考えて評価します。

〈宅地と畑を一体評価する場合〉　　　　　　〈宅地と畑を別々に評価する場合〉

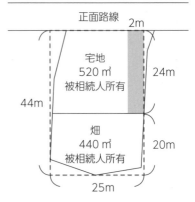

〈宅地と畑を1つの評価単位で評価する場合〉
宅地520㎡、畑（家庭菜園）440㎡を
まとめて960㎡の一画地として評価

〈宅地と畑を別評価単位とする場合の畑の評価〉
間口距離　　2m
奥行距離　　44m
想定整形地奥行距離　44m
想定整形地間口距離　25m
かげ地は25m×44m−440㎡=660㎡
（かげ地は宅地の面積520㎡ではない、
25m×24m=600㎡でもない）

※畑は正面路線に接していないので間口距離
は想定で2m（接道義務を満たす間口距離）と
するが、道路に接する土地が被相続人所有な
ので無道路地の評価はしない（評価明細書の
無道路地の欄は空欄ということ）。

1-3　5棟のアパートの敷地の評価単位

　　　対象地に5棟のアパートが建っており、土地も建物も被相続人名義です。

　住宅メーカーに家賃保証してもらって一括借り上げ契約を結んで賃貸しており、契約書も1本です。

　このような場合、評価単位は原則通り、建物の敷地ごとに5単位なのか、それとも全体地を1つの評価単位とするのか、いずれでしょうか？

A　結論からいいますと、原則通り、建物敷地ごとに5評価単位となります。

　評価単位を分ける際は、設計図面や役所で閲覧可能な建築計画概要書の中の配置図を参考にするとよいでしょう。これら資料がない場合は、接道義務を満たす最短の間口距離（2mという場合が多い）は確保して、無道路地にならないようにして評価単位を分けます。

　また、ご相談の一括借り上げ契約は、

①一括借り上げ契約は棟ごとの契約を1通の契約書にまとめたもの

②各建物は増築でも附属建物でもなく、各々が独立した構造

③借り上げ会社の敷地利用権は各建物の敷地の範囲ごとに及んでいる

と解釈されることから、建物の敷地ごとに評価単位を分けることになります。

「一括借り上げ」という言葉のイメージから、5棟の建物の敷地をまとめて1つの評価単位と捉える方が多いのですが、これは、国税不服審判所でも争われており、評価単位は建物の敷地ごと、と結論がでています。以下の裁決要旨も参考に「複数棟のアパートは建物敷地ごとに評価単位を分ける」と理解してください。

　　請求人らは、①本件被相続人がA社（本件賃借会社）に対して同時期に共同住宅5棟（本件各共同住宅）を一括で賃貸する建物等一括賃貸借契約（本件契約）を締結していたこと、②本件契約において敷地の使用範囲が3筆の宅地（本件各宅地）の全体に及ぶ旨が定められていることからすると、本件賃借会社の敷地利用権は本件各宅地の全体に及んでいるので、本件各宅地をそれぞれ取得した者（2名）ごとに、2画地の宅地として評価すべきである旨主張する。しかしながら、一般に、建物の賃借人は、建物の賃貸借契約の性質上当然に、建物の使用目的の範囲内においてその敷地の利用権を有するものと解され、所有する宅地の上に貸家が複数ある場合、各貸家の敷地に、各貸家の使用目的の範囲内において利用権がそれぞれ生じ、その利用権に基づき各貸家の敷地がそれぞれ利用されることとなるところ、①本件契約は、その実態において、本件各共同住宅の棟ごとに締結された賃貸借契約を1通の契約書としたにすぎないと認められ、また、②本件各共同住宅は、構造上各棟がそれぞれ独立した建物であり、各棟が一体のものとして機能していた特段の事情があるとも認められないことからすると、本件各宅地の上に存する本件各共同住宅の賃借人である本件賃借会社の敷地利用権の及ぶ範囲は、本件各共同住宅（5棟）の敷地ごとに及んでいるものと認めるのが相当である。そうすると、本件各宅地は、財産評価基本通達7－2《評価単位》により、遺産分割後の所有者単位に基づき、本件各宅地をそれぞれ取得した者（2名）ごとに区分し、その上で、区分した各宅地に存する本件各共同住宅の敷地ごとに区分することとなるから、本件各土地の評価単位は、5画地とすることが相当である。（平26.4.25 東裁（諸）平25-111）

　　　　　　　　　　　　（出所：国税不服審判所裁決要旨検索システム）

下図は〈TAINSコードF0-3-401〉

当審判所が認定した本件各宅地の区分（評価単位）

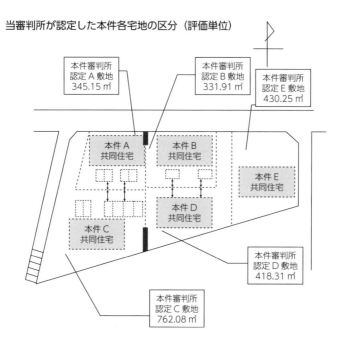

注1： ──── は、本件宅地の範囲を示す。

注2： ▯ は、駐車場を示す。

注3： ▰▰ は、ブロック塀を示す。

注4： ……… は、当審判所が認定した本件各共同住宅の各敷地の境界を示す。

注5： ↕ は、上の矢印間の距離と下の矢印間の距離とが同距離であることを示す。

注6： ▥ は、階段を示す。

Q 相続財産の中に第三者へ貸している1筆の土地450㎡が
あるのですが、借地している人が2棟の建物（自宅200㎡、
アパート200㎡）を建て、空いているところ50㎡は月極駐車場に
しています。土地の賃貸借契約書をみると妥当な賃料で450㎡を1
人の人が借りている契約になっています。この場合の評価単位は、
利用単位ごとに3単位ですか？それとも全体で1単位ですか？

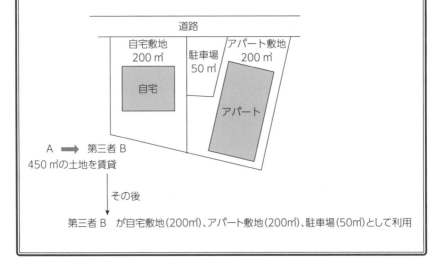

A 結論からいいますと、この場合の評価単位は1となります。
450㎡の土地を1人に賃貸しているのであれば、450㎡を1単
位とした貸宅地の評価になります。ただし、必ず土地の賃貸借契約書で
契約期間や賃貸借の開始日、利用目的を確認してください。例えば一人
の人に貸している土地であっても、契約書が3本あって、それぞれの画

地の賃貸借の開始日が別々で、賃料単価も異なるような場合は、評価単位は3となりますので注意しましょう。賃料単価が同じであっても、別個の契約と判断されることが多いでしょう。

　契約書がない場合は、相続人に賃貸借開始の経緯、利用状況の過去からの推移などを聞き、賃貸借の実態から判断することになります。

Q 筆と利用単位（評価単位）が異なっている場合、測量した方がいいのでしょうか？

A 時間や費用に余裕のある場合は測量した方が相続人にとっても後々の財産管理がしやすくなります。しかし、評価のためだけに費用をかけて測量士に依頼して測量してもらう必要はありません。現地でメジャーやレーザー距離計で概測し、その結果を公図などに反映させ図面を作成すればそれでけっこうです。公図上での評価対象地の形が現況と大きく異なる場合は航空写真や住宅地図を使うとよいでしょう。

　このとき、実際の面積は登記面積と異なることが多いため、現地で測った寸法を基に図面を作成すると形がいびつになってしまいます。したがって、評価対象地の現況の形を維持したまま測った寸法を微調整して、全体のバランスをとるようにする必要があります。そして、登記面積の合計と利用単位ごとの面積の合計を一致させるようにします。

　あとは少し手間がかかりますが、評価単位見取図を作成すればよろしいかと思います。

　次頁の図をぜひご参考にしてください。

〈評価単位見取図〉

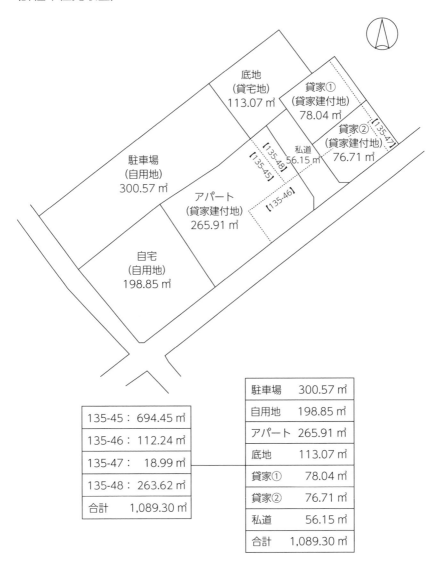

135-45：	694.45 ㎡
135-46：	112.24 ㎡
135-47：	18.99 ㎡
135-48：	263.62 ㎡
合計	1,089.30 ㎡

駐車場	300.57 ㎡
自用地	198.85 ㎡
アパート	265.91 ㎡
底地	113.07 ㎡
貸家①	78.04 ㎡
貸家②	76.71 ㎡
私道	56.15 ㎡
合計	1,089.30 ㎡

Q 評価対象地は３階建て共同住宅とその前にある駐車場です。車は写真のように道路から直接出し入れできます。

　入居者専用駐車場ですが、右側の写真のように建物敷地部分と駐車場部分にはブロック塀と段差があり、植栽もあります。

　このような場合、評価単位は１単位で、全体を貸家建付地で評価してよろしいでしょうか？

A 結論からいいますと、評価単位は１単位で、全体を貸家建付地で評価してよいと考えます。

　ただ、以下の点は必ず確認してください。

・建築確認申請での建物敷地の範囲と面積

・駐車場を除いた面積で、容積率及び建ぺい率オーバーにならずに現況建物が建てられるか

・駐車場の利用実態、募集は入居者限定か

・建物敷地部分と駐車場部分は道路に出ずに直接行き来できるか

つまり評価単位を1単位で評価するためには、

・駐車場も含めた土地で建築確認がおりている

・駐車場を除いた面積だけでは現況建物は容積率オーバーになるので
　建てられない

・駐車場の募集は入居者専用であり、貸室と一体の契約になっている

・建物敷地部分と駐車場部分は道路に出ずに行き来できる

という条件がそろうとベターです。

　絶対条件というわけではありませんが、要は駐車場部分が共同住宅存続のために必要不可欠なものであり物理的にも一体である、と認識できればよいということです。

　次の写真のような2階建てアパートは駐車場との間にブロック塀がありましたが、前述の条件をクリアしていましたので1単位で評価しました。

　現地調査、役所調査、契約形態等の把握をしっかりと行い判断しましょう。

Q 　賃貸マンションの敷地ですが、敷地の一部の駐車場5台分がコインパーキング運営会社に賃貸されています。

　評価にあたり、この5台分だけ評価単位を分けるのか、また貸家建付地評価していいのか、迷っています。この駐車場5台分はどのように評価すればいいでしょうか？

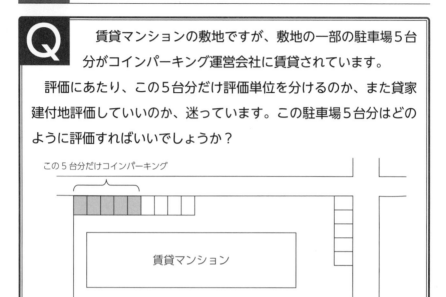

A 　最近このようなケースは都心部を中心にかなり多くなってきましたが、評価方針は以下の①②のように2通り考えられます。

①評価単位は1で、コインパーキング駐車場部分と残りの部分で一体評価額を面積按分し、コインパーキング部分は貸宅地評価、残りの部分は貸家建付地評価する。

②評価単位をコインパーキング駐車場部分と残りの部分に分け、コインパーキング部分は貸宅地評価、残りの部分は貸家建付地評価する。

　①②のどちらの方針になるかは個別案件で検討することになります。

判断基準はコインパーキング部分の面積規模と位置ですが、コインパーキング部分の面積が相対的に小さすぎるようであれば①の一体評価でよいでしょう。

　駐車場は1区画あたり15㎡程度なので5台だと75㎡です。都心部では75㎡あれば戸建て住宅が建てられますが、地方圏では戸建て住宅の敷地にはならない狭小地と捉えられることが多いでしょう。したがって、都心部では75㎡を単独で1評価単位とすることもできますが、地方圏では狭小地となるため75㎡を単独で1評価単位とするよりも75㎡を含む全体地を1評価単位とする方、つまり①の方針の方がベターです。

　またコインパーキング部分が道路から直接出入りできる位置にあれば②の方針の方がベターであり、そうでない場合は①の方針の方がベターといえます。

　このようにコインパーキング部分の面積規模と位置の検証を行い判断すればよいでしょう。なお、コインパーキング部分の貸宅地としての評価は運営会社との契約書を確認し、相続開始日時点の契約残期間に応じて「地上権に準ずる賃借権以外の賃借権」の価額を控除することを検証しましょう。減価漏れのないように契約書の確認も忘れないようにしましょう。

Q 　評価対象地は道路を挟んで2筆あります。一方の筆（土地A）は、2階建てのアパート（8世帯）と入居者専用駐車場6台として使われていますが、もう一方の筆（土地B）は道路を挟んで向かいにあり、3台分の入居者専用駐車場です。このような場合、道路を挟んだ向かいにある筆は貸家建付地評価できますでしょうか？

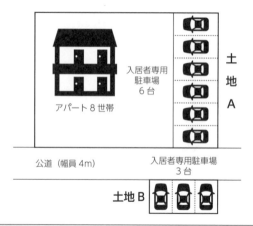

A 　結論からいいますと、道路を挟んだ向かいにある筆（土地B）は貸家建付地評価すべきでないと考えます。

　まず評価単位に関してですが、2つの土地は道路を挟んでいますので物理的に一体とみることはできません。よって土地A、土地Bは別々の評価単位になります。

　次に貸家建付地評価の可否ですが、土地A全体が貸家建付地評価できることは異論がないと思います。アパート敷地部分と入居者専用駐車

場部分は一体で貸家建付地評価します。

　問題は土地Bについてです。確かに入居者専用なので土地Bについても貸家建付地評価すべきとの考え方もあるかもしれません。そこで過去の国税不服審判所の裁決事例をみると、建物と駐車場との物理的及び契約上の一体性を判断基準においていることがわかります。

　土地Bは貸家と駐車場の契約がたとえ1本の契約書にまとまっていたとしても、道路介在により物理的観点から一体性が認められません。よって、土地Bは貸家建付地評価すべきでないと考えます。

　ただし次図のように、「公道」が元水路の「暗渠（あんきょ）」で土地Aと土地Bの一体性が認められるような状況であれば、土地A、土地Bを一体で貸家建付地評価すべきと考えます（暗渠部分は払い下げ相当額を控除）。

　アパート、事務所等の貸家と建物利用者専用の駐車場に関する評価単位と貸家建付地評価の可否は、建物と駐車場との物理的及び契約上の一体性だけでなく、建物規模と駐車場台数のバランス、外部利用者の有無、建物と駐車場との高低差、行き来の状況、利用実態等もよく確認し、判断するようにしてください。

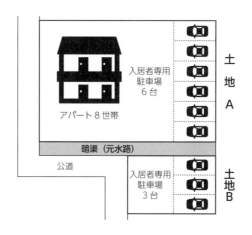

Q 評価対象地は1筆の土地です。2階建てのアパート（8
世帯）と入居者専用駐車場6台として使われていますが、
アパート敷地部分（土地A）と駐車場（土地B）の間には1.5mの
高低差があり、擁壁が設けられています。両土地の間には階段等は
なく、直接行き来できない状況になっています。このような場合、
駐車場（土地B）部分もアパート敷地部分（土地A）とまとめて一
体で貸家建付地評価できるのでしょうか？

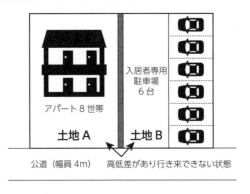

A 結論からいいますと、土地Aと土地Bは別々の評価単位とし、土
地Bは自用地評価とするのが妥当です。

土地Aと土地Bの間には擁壁があり、これによって建物と駐車場との
物理的な一体性があるとはいえないことになります。公道によって平面
的に分断されている事例もありますが、この事例では高低差によって立
体的に分断されているということになります。

物理的な分断により賃貸借の一体性が認められませんので、アパート

敷地は「宅地→貸家建付地評価」、駐車場は「雑種地→自用地評価」となります。

　ちなみに土地Aと土地Bの間に階段等があり直接行き来できる状態であれば物理的な一体性はあると認められ、一体地（1評価単位）として全体を貸家建付地としての評価ができることになると考えます。

Q

評価対象地は1筆の土地です。2階建てのアパート（6世帯）2棟と駐車場12区画、駐輪場として使われています。アパート建築当初は入居者専用で設けた駐車場でしたが、相続開始時点では、入居者が8台、入居者以外の外部が3台、1台分空きという状況でした。このような場合、駐車場部分もまとめて一体で貸家建付地評価できるのでしょうか？

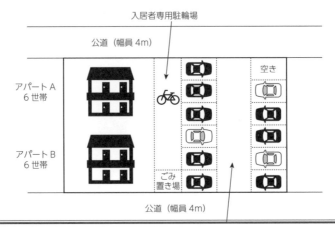

A

結論からいいますと、この場合はアパートAの敷地、アパートBの敷地、駐車場の3評価単位となります。駐車場は当初入居者専用として作られたとはいえ、相続開始日時点で外部貸しの区画があれば、入居者専用駐車場とはいえず、アパートと駐車場の契約上の一体性が認められません。よって次図のようにアパート敷地は2画地それぞれ別に「宅地→貸家建付地評価」、駐車場は「雑種地→自用地評価」となります。駐輪場は入居者専用であれば建物敷地に組み込んで大丈夫です。

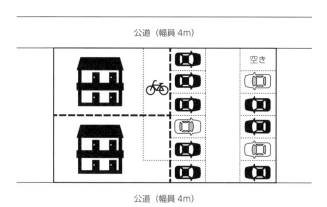

公道（幅員4m）

空き

公道（幅員4m）

━━━━━━━━・　評価単位を分けるライン

Q 評価対象地は坂道の途中にある地下1階地上3階の賃貸マンションです。1階はエントランス、階段室以外駐車場で、地下1階も階段室以外すべて駐車場です。駐車場は入居者専用ですが、地下1階の2区画だけ自用です。このような場合、貸家建付地評価するにあたって駐車場部分はどう考えればよいでしょうか？

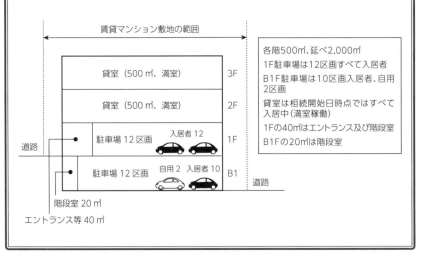

```
賃貸マンション敷地の範囲
┌──────────────┐
│                              │  各階500㎡、延べ2,000㎡
│   貸室（500㎡、満室）    3F   │  1F駐車場は12区画すべて入居者
│                              │  B1F駐車場は10区画入居者、自用
│   貸室（500㎡、満室）    2F   │  2区画
│                              │  貸室は相続開始日時点ではすべて
│  駐車場12区画  入居者12  1F  │  入居中（満室稼働）
道路                           │  1Fの40㎡はエントランス及び階段室
│  駐車場12区画 自用2 入居者10 B1│  B1Fの20㎡は階段室
│                         道路  │
階段室20㎡
エントランス等40㎡
```

A 建物の1階や地下が駐車場として使われている賃貸マンションの場合、駐車場すべてが入居者専用であれば、賃貸マンション敷地を1評価単位として、貸家建付地評価します。

ただし、ご質問のように自用で使っている駐車場部分があれば、その部分は自用地として評価せざるを得ないと考えます。

このとき評価単位は貸家建付地と自用地と明確に区分けできませんの

で、賃貸されている床面積割合、つまり「賃貸割合」で処理することになります。例えば「過去駐車場はすべて入居者が利用していたが相続開始日時点では一部自用で使っていた」「貸室と駐車場の賃貸借契約書は1本にまとまっている」ということであれば自用部分だけ自用地評価するように賃貸割合で調整すればよいと考えます。

　ご質問のケースでは、地下1階は階段室20㎡を除く駐車場部分は480㎡で12区画です。1区画あたり40㎡の計算になるので2区画分の80㎡が自用、500㎡-80㎡＝420㎡が賃貸部分となり、地下1階は420/500が賃貸に供されていると考えられます。

　したがいまして、全体の賃貸割合は「1920/2000」として貸家建付地評価するのが合理的と考えます。なお、地下1階の階段室を賃貸面積に算入するかどうかは意見の分かれるところかと思いますが、20㎡は除いて保守的に「1900/2000」とする選択肢もあるかと思います。

　また、1階、地下1階の建物内部の駐車場を2階、3階の貸室と同様に賃貸部分としてカウントしてよいのかという議論もあるかと思います。そもそも貸家建付地は自用地価額から借家権価額を控除して算出するもので、当然ながら賃貸の駐車場には借家権などありません。しかし「もともと入居者用にと設計された駐車場だったが時代の流れで空きが生じ収益面から入居者以外にも貸すようになった」という経緯の事例も多く、すべての駐車区画が入居者利用であれば、賃貸割合100％とすることは問題ないので、こういった観点からも駐車場部分も貸室と同様に賃貸部分として捉え、賃貸割合で調整するのが合理的なのではないかと個人的には思います。ただしグレーゾーンなので見解の相違が生じる可能性があることもご理解ください。

> **Q** 評価対象地は坂道の途中にある地下1階地上3階の賃貸マンションです。1階はエントランス、階段室以外駐車場で、地下1階も階段室以外すべて駐車場です。駐車場は元々入居者専用でしたが、相続開始日時点では外部貸しもありました。このような場合、貸家建付地評価するにあたって駐車場部分はどう考えればよいでしょうか?

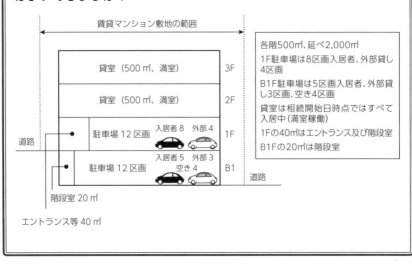

A 建物の1階や地下が駐車場として使われている賃貸マンションの場合、駐車場すべてが入居者専用であれば、賃貸マンション敷地を1評価単位として、貸家建付地評価します。ただし、ご質問のように外部の第三者に賃貸している駐車場部分があれば、その部分を含めその階の面積に相当する部分は自用地として評価するのが妥当と考えます。

このとき評価単位は貸家建付地と自用地とに明確に区分けできません

ので、賃貸されている床面積割合、つまり「賃貸割合」で処理するのが合理的と考えます。

　1階と地下1階の駐車場は入居者と外部貸しが混在しているので、1階の階段室及びエントランスの40㎡と地下1階の階段室20㎡、合計60㎡を除く、500㎡×2－60㎡＝940㎡はすべてを自用地扱いとし、賃貸部分は2階、3階の500㎡×2＝1000㎡、1階エントランス・階段室40㎡、地下1階の階段室20㎡、合計1060㎡、よって貸家建付地評価の最後の計算欄で賃貸割合「1060/2000」とすればよいでしょう。

　なお、地下1階の階段室を賃貸面積に算入するかどうかは意見の分かれるところかと思いますが、20㎡は賃貸面積から除いて保守的に「1040/2000」とする選択肢もあるかと思います。実際の利用状況をよくヒアリングして実態に応じて説明がつくようにしておけばよいでしょう。

　また、1階、地下1階の建物内部の駐車場を2階、3階の貸室と同様に賃貸部分としてカウントしてよいのかという議論もあるかと思います。駐車場を除いた合計1060㎡を床面積合計とし、賃貸割合は1060/1060、もしくはエントランス、階段室も除いた1000㎡（2F、3F）を床面積合計とし、賃貸割合は1000/1000でいいのではないかという見解もあるでしょう。確かに貸室より貸駐車場は収益性が落ちますので、この見解も時価の観点からは一理あるように思います。いずれにしましても、このあたりはグレーゾーンなので、他の論点との整合性や相続人との合意の下で納得のいく申告をされるとよいでしょう。

Q 　評価対象地はタワー型の立体駐車場の敷地です。この場合、地目は宅地でしょうか？雑種地でしょうか？なお、土地の名義は被相続人、立体駐車場の名義は同族法人です。

　立体駐車場が「建物」だとすると借地権の有無も検討が必要でしょうか？

A 　タワー型の立体駐車場は「建物」です。したがって、評価上の地目は「宅地」となります。立体駐車場は建物として登記もされますし、固定資産税も建物として課税されます。背の高い建物ですが、中は機械があるだけで空洞に近いので「平家建て」（1階建て）の建物として扱われます。

　また、タワー型立体駐車場は「建物」なので借地権の有無も検討が必

要です。

　これがタワー型立体駐車場ではなく、例えば低層の機械式立体駐車場や写真のような携帯電話などのアンテナ塔であれば「工作物」となりますので、地上権の有無の検討が必要です。

　権利形態について整理すると、「借地権」は「**建物所有目的**の地上権または賃借権」です。

　タワー型立体駐車場は建物なので、土地と建物の名義が異なれば借地権の有無を検証します。また、アンテナ塔は建物ではない工作物なので、借地権ではなく単なる地上権の有無の検証が必要となります。

　ちなみに借地権は借地借家法の適用がありますが、工作物所有目的の地上権には借地借家法の適用はありません。

　また、次の写真のような立体駐車場は建物ではなく、工作物です。タワー型駐車場とは異なりますので区別して覚えておいてください。

1-14 純山林と純原野のどちらで評価すべきか

Q 　市街化区域にある未利用の傾斜地ですが、宅地比準で評価すると、傾斜地の宅地造成費控除後マイナスになってしまいます。

　現況は一面雑草が生えている状態で、木は生えていません。

　このような場合、純山林、純原野どちらで評価すればよいのでしょうか？

A 　不動産登記事務取扱手続準則第68条では、「山林」は「耕作の方法によらないで竹木の生育する土地」、「原野」は「耕作の方法によらないで雑草、かん木類の生育する土地」と規定されています。したがって、ご質問の地表の状態では、地目は「原野」が当てはまるように思います。

　しかし、ご質問の趣旨は、純山林と純原野の評価額のどちらを採用すればよいか、ということだと思います。この場合、実務では純山林の評価額を採用することが多いと思います。

　純山林の単価は比較的スムーズに税務署から回答を得られますが、純原野の単価は回答に時間がかかったり回答が得られなかったりするケースがあります。

　評価額自体も純山林と純原野にはそれほど差異はありませんし、作業効率の面からも純山林での評価でよろしいかと思います。また、傾斜の度合いで判断する考え方もあると思います。

　市街地にある3度超の傾斜地はマイナス評価額になれば純山林で評価

する、3度未満の傾斜であれば純原野で評価するということでもよいと思います。

　また、地表の状態に関していえば、例えば土地所有者が財力に余裕のある方は近隣の方のため（枯葉や虫対策）に伐採したり地表をコンクリートで固めたりするかもしれません。一方、財力に余裕のない方は野放しの状態で草や木が茂っていることが多いです。このように土地所有者の管理程度の差によって地表の状態は異なりますので、評価にあたっては「地表の状態」に惑わされることなく、純山林での評価または傾斜の度合いで純山林か純原野かを判断すればよいでしょう。

2 税理士を悩ませる「宅地造成費」

2-1 アスファルト舗装された月極駐車場の宅地造成費控除は妥当か

Q 　路線価地域にあるアスファルト舗装された月極駐車場は、雑種地として宅地比準方式で評価する場合、宅地造成費のうち整地費は控除してもよいでしょうか？また、青空駐車場の場合はどうでしょうか？

A 　アスファルト舗装された駐車場の地目は雑種地となりますが、この土地を宅地比準方式にて評価する場合、宅地造成費（整地費）を控除することは妥当ではないと考えます。

　アスファルト舗装は、造成して整地した後の状態ですので、整地費を投じた後の状態ということになります。整地された土地を更に造成費をかけて整地するということはありませんので、控除するのは妥当ではありません。

　同じような例として、朽廃した古家が評価対象地上にある場合、土地の市場価値としては、「更地価格マイナス解体費用」となりますが、財産評価基本通達では、解体費の控除は認めていません。

　アスファルト舗装された駐車場も建物建築時にはアスファルトを撤去するのに費用がかかるので、控除できるのではないかと考えがちですが、評価対象地上に一度構築・建築されたものの撤去費用は考慮しな

い、というのが国税庁の見解です。

　青空駐車場も整地された後の状態ですので、アスファルト舗装された駐車場と同様に宅地造成費は控除できません。通常の宅地の評価と同じ評価額になりますのでご注意ください。

2-2　傾斜している駐車場の宅地造成費控除は妥当か

Q　評価対象地は全体が傾斜している未舗装の月極駐車場です。この土地を宅地比準方式で評価する場合、傾斜地としての宅地造成費を控除してもよいでしょうか？　また、がけ地補正も適用することが可能でしょうか？

A　未舗装の駐車場を宅地比準方式にて評価する場合、傾斜の角度が3度超であれば傾斜地の宅地造成費を控除して評価します。3度以下であれば平坦地の宅地造成費を控除して評価します。

　傾斜度は傾斜方向に沿って計測すればよいでしょう。高低差の計測は、高低測量を行えばわかりますが、行わない場合は、高さ20cmのブロックなどの構造物、簡易斜度計、等高線記載の地形図などを使って行います。距離と高低差がわかれば傾斜度はWeb上の簡易計測サイトで簡単に算出できます。なお、がけ地補正は地目が「宅地」の場合に適用します。

　宅地→がけ地補正○、宅地造成費×

　雑種地等宅地以外→がけ地補正×、宅地造成費○

　がけ地補正率と宅地造成費の重複適用は不可

と覚えておけばよいと思います。

　ただし、宅地利用を前提として造成されたにもかかわらず建物が建てられずに畑として利用されている次図のような市街地農地もあります。

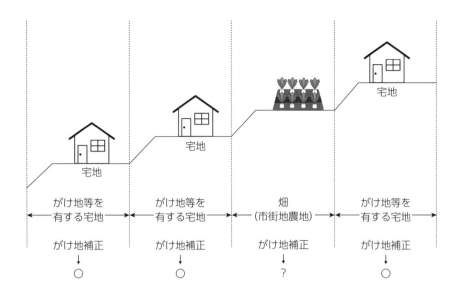

　このようなひな壇状に造成された市街地の中にある農地はがけ地部分がありますが、地目は宅地ではないので原則、がけ地補正は適用しません。しかし、現実的に建物敷地として使えないがけがあるので「がけ地等を有する宅地」の規定趣旨に鑑み、がけ地補正を適用すべきと考えます。更に整地が必要な状態であれば整地費も控除してよいと考えます。

Q 　評価対象地は雑種地ですが、道路面よりも高いところに位置しています。このような場合、宅地造成費は控除できますか？

A 　グレーゾーンではありますが、結論からいいますと、道路面よりも高いところに位置している土地であっても宅地造成費は控除できると考えます。

　雑種地を宅地比準方式にて評価する場合、平坦地（3度以下）または傾斜地（3度超）のどちらに該当するかを現地で確認し、どちらかの宅地造成費を控除して評価します。

　このとき、傾斜地の場合は、道路よりも高くても低くても控除することに特に問題は感じません。しかし、平坦地の場合は、財産評価基準書に、以下のように記載されていますので、躊躇してしまいます。

　「土盛費」とは、<u>**道路よりも低い位置にある土地**</u>について、宅地として利用できる高さ（原則として道路面）まで搬入した土砂で埋め立て、地上げする場合の工事費をいいます。

　「土止費」とは、<u>**道路よりも低い位置にある土地**</u>について、宅地として利用できる高さ（原則として道路面）まで地上げする場合に、土盛りした土砂の流出や崩壊を防止するために構築する擁壁工事費をいいます。

　つまり道路面よりも低い地盤面の場合に控除できるような記載になっ

ており、道路面よりも高い土地には適用できないように思えます。しかし、現実には丘陵地帯を開発してできたようなエリアでは、道路面よりも高い土地を造成して宅地化することはあります。道路面よりも低い土地に土砂を搬入する「盛土」に対し、道路面よりも高い土地の土砂を削るのを「切土」といいます。実際の土木工事の現場では、傾斜地を造成する場合、切土した土砂を移動させ土盛りして平坦にします。このようなことから道路面よりも低い土地に計上する土盛費と同じ単価で、道路面よりも高い土地にも切土費相当額を計上すべきと考えます。

横浜地裁昭和56年9月17日判決においても、土盛りは切土した土砂を利用しうることから切土費の見積りは土盛費を適用するのが相当である、とされています。

切土費を計上する際の切土の寸法は、評価対象地周辺の土地の利用状況に合わせるのが現実的です。現地で簡易的に測量し適正額を計上しましょう。

2-4 ガードレール撤去費用を控除できるか

Q 評価対象地は畑で、幅員40ｍの県道バイパスに面していますが、評価対象地と歩道の間にガードレールがあります。市街地農地として宅地比準方式で評価する場合、宅地造成費に加えて、このガードレールの撤去費用と歩道の切り下げ工事の費用を控除することは可能でしょうか？

A 県道バイパスが整備されたとき、評価対象地が畑であったために、ガードレール設置（及び歩道の整備）が県の費用負担で行われているようです。

建物敷地であればガードレールは設置されませんし、歩道も車両が出入りしやすいようにはじめから切り下げて工事がなされます。

したがって、建物建築等でガードレール撤去と歩道の切り下げが必要になればその工事費用は土地所有者の負担となります。

これら工事費用は宅地として利用する際の建物建築費の一部と捉えられます。評価にあたっては、これら費用は宅地造成費には該当しませんので、評価額から控除することはできないと考えるのが妥当でしょう。

| 2-5 | 雑種地を畑比準で評価する場合の宅地造成費 |

 　　　評価対象地は登記地目、固定資産税課税地目ともに畑です
が、現況は未利用の雑種地です。倍率地域にあります。

　周辺には畑しかなく、すぐに畑に戻すこともできると思われる状況な
ので「畑比準」で評価しようと思いますが、このとき宅地造成費は加算
すべきでしょうか？

　　　宅地造成費は、「宅地」をベースに評価する宅地比準方式を採用する
　　　ときには「控除」、「農地」をベースに評価するときには「加算」します。
　畑比準する場合、

①評価対象地が「畑」の状態から造成費を投下して畑以外の状態になってい
る（未利用地、車両置き場、農業用施設用地棟）

②ただ放置された結果畑以外の状態になっている

のどちらの状態か現地の状況をよく観察して判断します。①であれば宅地造成
費を農地の価額に加算して評価額を算出します。算式は「畑の固定資産税評価
額×畑の倍率＋宅地造成費」です。②であれば当然宅地造成費の加算は不要です。
なお、畑に復する場合に「耕す」のは「造成」ではありません。

　また現況が「雑種地」で固定資産税の課税地目も「雑種地」の場合であって
も、固定資産税課税明細書や評価証明書に「畑」の単価で算出された評価額が
記載されていれば、①の場合は「固定資産税評価額×畑の倍率＋宅地造成費」、
②の場合は「固定資産税評価額×畑の倍率」で評価額を算出すればよいでしょう。

　畑の単価で計算されていない場合は、近傍畑の単価を調べて畑の倍率を
乗じて評価します。

Q 市街地農地として評価したのですが、造成費を控除したらマイナスになりました。
このような場合、純農地として評価すればよいのですか？

 評価額がマイナスになる市街地農地は純農地として、農地比準方式（田比準または畑比準）で評価します。

根拠は、財産評価基準書の「宅地造成費の金額表」の2頁目の（4）注3の以下の文章です。

> 「宅地比準方式により評価する市街地農地、市街地周辺農地及び市街地原野等についても、市街地山林と同様、経済合理性の観点から宅地への転用が見込めない場合には、宅地への転用が見込めない市街地山林の評価方法に準じて、その価額は、純農地又は純原野の価額により評価することになります。（後略）」

評価上の単価ですが、役所の窓口（課税課等）で聞いて教えてもらえればその単価を採用すればいいのですが、教えてもらえない場合もあります。

その場合は、相続財産に農地があればその単価を使えばOKです。

役所で教えてもらえず、相続財産に農地がない場合は、管轄税務署に問い合わせてみてください。

2-7 別荘地の宅地造成費

Q 評価対象地は倍率地域にある地積1,300㎡のいわゆる別荘地です。建物（別荘）は建っておらず、大きな木が生えている状態です。この土地を評価する場合、造成費は計上するのか、しないのか、計上するのであればどのように計上すればいいのか教えてください。

A ご相談のようにバブル崩壊前に土地の値上がりを期待して購入された別荘地が、建物が建てられないまま時間が経過して原野のようになっているケースはよくあります。

　このような別荘地は倍率方式で評価した場合、時価よりも異常に高い、または異常に低い、というように時価と大幅に乖離するケースが多く見受けられますので、まずはこの点をご認識ください。

　固定資産税評価額が原野や原野並雑種地として算出されている場合、「原野の評価額×原野の倍率」で評価するとあまりに低く算出されてしまいます。

　逆に固定資産税評価額が宅地として算出されている場合、「宅地の評価額×宅地の倍率」で評価するとあまりに高く算出されてしまうケースが多いように見受けられます。一般的に建物が建っていない別荘地は、原則として宅地比準方式で評価せざるをえません。

　つまり以下の計算式です。

　[近傍標準宅地単価（または評価対象地の固定資産税路線価）×宅地の倍率×普通住宅地区の各種画地調整率 － 宅地造成費]×地積

この時の宅地造成費は、土地の傾斜度によって、平坦地と傾斜地のどちらかを使いますが、面積は評価対象地全体の面積ではなく、実際に建物が建てられる面積だけとするのが妥当です。

　例えば1,300㎡の地積に対し、建ぺい率が20％だとすれば、若干の余裕をみてプラス10％の30％分（1,300㎡×30％＝390㎡）の宅地造成費を計上すればよいでしょう。ちなみに、建物が建っている別荘地の評価では、木がいくら茂っていても、それが別荘地の「標準仕様」ですから、宅地造成費は控除しません。

　ただし、宅地造成費を控除しても、時価相場よりも異常に高く算出されるケースも多いです。

　ネット情報や地元の不動産業者からの情報で相場もある程度見当がつきますので、現地を確認して宅地造成費を見直したり、鑑定評価も視野に入れたりしながら、時価相場以下の評価額で申告できるよう検討しましょう。

Q 登記地目は山林、現況は傾斜度30超の傾斜地ですが、道路面の高さまで鉄骨を組んで月極駐車場として貸し出されています。どのように評価すればよろしいでしょうか？宅地造成費は控除できますか？

A ご相談の土地は評価する人の数だけ評価額が存在するといっても過言でない土地です。このような特殊な土地は最終的には時価を見据えて評価方針を決めるのがよいでしょう。

結論としては、不整形等の画地調整率を乗じた後、傾斜地の宅地造成費の最大値である25度超30度以下の宅地造成費を控除し、さらに利用価値が著しく低下している宅地として1割減の評価額に落ち着けるのが妥当と考えます。

検討過程は以下のようになります。

評価対象地は構築物設置により道路と等高での利用が可能となっていますが、高架式であるため地盤面が傾斜している状態は解消されておら

ず、建物を建てて宅地として利用するには依然として宅地造成が必要な状態です。とはいうものの、この土地の奥行距離は3m程度であり、高低差も考慮すれば実質的に建物敷地とはなりえない土地です。

そのため、そもそも宅地を前提とした宅地比準方式での評価は妥当でないといえるかもしれません。それでは純山林として評価すべきかといえば、現に構築物設置により駐車場収益を得るのが可能となっていますのでそこまで価値は低くありません。

これらを総合的に判断した結果、ご相談の土地の場合は、奥行価格補正、宅地造成費最大値控除、利用価値が著しく低下している宅地としての減価、が妥当と考えます。

これに対し、鉄骨の高架もアスファルト舗装された駐車場のアスファルトと同じ「構築物」だから、アスファルト撤去費用を控除できないのと同様、宅地造成費は控除できない、という見解もあるかもしれません。

また、構築物設置によってすでに造成済みの土地なので造成費は控除できない、という見解もあるでしょう。しかし、評価対象地の正面路線の路線価○○円/㎡は明らかに同一路線沿いの「宅地」の路線価であって、評価対象地にそのまま使うのはバランスを欠きます。

利用価値低下1割減だけでは減価不足は明白なので、宅地造成費を控除するのが妥当といえます。しかも現地は50度前後の傾斜はあると思われますので、25度超30度以下の造成費計上では足りませんが、規定上やむを得ず25度超30度以下の造成費を計上することになります。なお、月極駐車場部分が自宅建物のとなりの自用の駐車場であれば自宅の建物敷地と一体でがけ地等を有する宅地としてがけ地補正率を乗じることになり、減額幅が小さいようであれば利用価値低下1割減も適用すればよいでしょう。

今回ご相談のような特殊な利用状況の土地の評価は時価を見据えて、財産評価基本通達の規定の範囲内で減価を総動員して対処します。その上で時価よりも高く算出されてしまうようであれば鑑定評価による時価での申告も検討するとよいでしょう。

Q 昔は田だった雑種地ですが、相続人によると地盤があまり良くない土地のようです。

今は田でなくても過去に田だった土地ですが、宅地比準方式で評価する際、地盤改良費を控除してもよいのでしょうか？

A 「地盤改良費」は傾斜度が3度以下の平坦地で計上できる宅地造成費のひとつです。

「宅地造成費の金額表」の留意事項には、「『地盤改良費』とは、湿田など軟弱な表土で覆われた土地の宅地造成に当たり、地盤を安定させるための工事費をいいます。」と記載があります。

エリアごとに若干の単価の差がありますが、概ね1,600円/㎡～2,200円/㎡（令和4年分）です。実務では平坦地の宅地造成費のうち、整地費、伐採・伐根費、土盛費、土止費を計上することはよくあると思いますが、地盤改良費は計上したことがなく、どのような土地で計上してよいのかが明確にわかっていない方も多いと思います。一部、インターネットの情報などで、

・湿田には計上できるが、乾田ではできない

・地盤改良費を計上できる土地はほとんどない

といった誤った認識のために計上基準がわからず計上に躊躇する先生方も多いようです。結論としては、まず湿田に対しては迷わず計上可能です。

それ以外の乾田や過去に田だった雑種地・耕作放棄地も計上できる可

能性は高いと思われますが、簡易的な地盤調査を行って地盤強度のデータを取るのがよいでしょう。スクリューウエイト貫入試験（旧称スウェーデン式サウンディング試験）というアナログな調査が最も費用対効果が高いと思います。これは評価対象地の四隅と真ん中で行い、土の質や地盤強度、硬い岩盤の深さなどを計測する調査方法です（調査費用は概ね6万円〜15万円程度です）。

これで得られたデータをもとに一般的な建物建築の際の地盤改良の要否を判断します。

相続人の協力も必要ですが、費用対効果が見込めるようでしたら地盤調査の実施を検討してみてください。もし、評価対象地の地盤が弱い、地盤改良が必要だ、というデータがあれば地盤改良費計上の明確な根拠となりますし、安心して申告できます。

地盤改良は湿田だけでなく乾田や過去に田だった雑種地・耕作放棄地、沼やため池を埋め立てた土地など、必要な土地が多くありますので、整地費、土止費、土盛費の他に、地盤改良費の計上も検討してみてください。

2-10　地盤改良工事後の地盤改良費は控除できるか

Q　アパート建築が始まったばかりの時に相続が発生しました。写真のように地盤改良工事が終わった段階ですが、地盤改良費としての宅地造成費は控除してもよいのでしょうか？

A　写真の地盤改良の状況はおそらく「鋼管杭」を打った後だと思われます。結論からいいますと、実際にかかった地盤改良費の8割を、自用地価額から控除するのが妥当と考えます。

　本来、地盤改良費は「田」を宅地比準方式で評価する際に控除するものですが、それ以外の土地であっても、実際に地盤改良費が顕在化していれば控除可能と考えます。

　これは埋蔵文化財包蔵地において本調査費用が実際に発生した場合の扱いと同じ考え方です。埋蔵文化財包蔵地の場合、評価対象地が「周知の埋蔵文化財包蔵地」（「20-1 周知の埋蔵文化財包蔵地の発掘調査費の見積」参照）に該当するだけでは調査費用を控除することはできませんが、実際に発掘調査費用が発生した場合は更正の請求などで調査費用の

8割を控除して評価します。

　同様に軟弱地盤の土地は「たぶん軟弱地盤だろう」というだけで地盤改良費を控除するのは妥当ではありませんが、実際に地盤調査を行いデータをとって、それに基づいた改良工事の発生が明らかであれば控除可能と考えます。写真のご相談のように実際に工事が終わっている状況であれば費用が発生していますので控除可能でしょう。

　申告にあたっては、地盤改良費の見積書、請求書、領収証等を添付し、その額の8割相当額を自用地価額から控除して評価すればよいでしょう。

2-11 倍率地域の駐車場の宅地造成費控除の可否

Q 非線引き都市計画区域の倍率地域にある駐車場ですが、固定資産税評価額は宅地と同等の宅地類似雑種地として算出されているようです。宅地の倍率を乗じた後、宅地造成費を控除してもよいでしょうか？

A 路線価地域、倍率地域にかかわらず、雑種地の評価にあたって宅地造成費を控除するのは「雑草が生い茂っている状態」や「高低差」がある場合等です。

　青空駐車場、資材置き場では控除しないのが一般的です。ちなみにアスファルト舗装の平置き駐車場も宅地造成費は控除しません。アスファルトをはがすのにコストがかかるから宅地造成費を控除してもいいのではないか、という考えもあるかもしれませんが、アスファルト舗装された状態は「造成後」の状態です。建物解体費が控除できないのと同様、アスファルト撤去費は宅地造成費としては控除しませんのでご注意ください。

　倍率地域の雑種地の評価にあたっては、固定資産税評価額に宅地造成費の控除が織り込まれていない場合で、「雑草が生い茂っている状態」や「高低差」があれば控除してもよいでしょう。ただし、固定資産税評価額算出時の宅地造成費は、単価や減価率の規定が自治体独自のものであることが多く相続における財産評価基本通達の規定と異なっていますので、宅地造成費の控除が織り込まれていても見直しの必要がある場合もあります。

　いずれにしても、固定資産税評価額の算出過程を役所窓口で確認して造成費控除の是非を検証してください。

3 税理士を悩ませる 「地積規模の大きな宅地の評価」

3-1 市街化調整区域内の雑種地のしんしゃく割合と地積規模の大きな宅地の評価

Q 市街化調整区域内の雑種地で適用する場合でしんしゃく割合が30％の土地でも地積規模の大きな宅地の評価を適用できますか？

A 市街化調整区域内では原則として建物が建てられませんが、建てられる区域や土地があります。

このとき住宅をはじめとする、どんな用途の建物でも建てられる土地の場合は、しんしゃくしません（しんしゃく割合0％）。

店舗、倉庫、事業所など、住宅以外の建物なら建てられる土地の場合は、しんしゃく割合30％です。

どんな用途の建物もいっさい建てられない土地の場合は、しんしゃく割合50％です。

なお、市街化調整区域の雑種地のしんしゃくは次の表により判断することとされていますが、前述のように建築の可否と建物の用途制限の有無で判断すると次の表による判断ともほぼ一致しますし、わかりやすいと思います。

	周囲（地域）の状況	比準地目	しんしゃく割合
弱 ↑ 市街化の影響度 ↓ 強	① 純農地、純山林、純原野	農地比準、山林比準、原野比準	
	② ①と③の地域の中間（周囲の状況により判定）	宅地比準	しんしゃく割合50％
	③ 店舗等の建築が可能な幹線道路沿いや市街化区域との境界付近		しんしゃく割合30％
		宅地価格と同等の取引実態が認められる地域（郊外型店舗が建ち並ぶ地域等）	しんしゃく割合0％

（出典） 国税庁HP質疑応答事例「市街化調整区域内にある雑種地の評価」
https://www.nta.go.jp/law/shitsugi/hyoka/04/38.htm

　一方、評価対象地が500㎡以上（三大都市圏）または1,000㎡以上（三大都市圏以外）であり、一定の要件を満たす場合は、地積規模の大きな宅地の評価を適用しなければなりません。

　この地積規模の大きな宅地の評価は、市街化調整区域内の土地は原則として適用できませんが、戸建分譲が可能な土地であれば適用できます。

　したがって、市街化調整区域内の土地で、しんしゃく割合0％と判定した土地は、ほとんど戸建分譲が可能と思われますので、地積規模の大きな宅地の評価は適用可能です。

　住宅の建築不可ということでしんしゃく割合30％または50％と判定した土地は、戸建分譲できないので地積規模の大きな宅地の評価は適用できません。

　地積規模の大きな宅地の評価は「戸建分譲に適した土地は広いからコストがかかるということで減価します」という規定です。したがって、評価対象地が市街化区域、市街化調整区域どちらにあるかにかかわら

ず、住宅が建てられない土地には原則として適用しません（無道路地は例外）が、住宅が建てられて戸建分譲できる土地は適用できます。

　評価規定の趣旨がわかればおのずと判断できますので、財産評価基本通達を理解する際も文言だけにとらわれず、なぜこの減価規定があるのか、を理解するように心がけましょう。

Q　評価対象地は地積規模の大きな宅地に該当しますが、倍率地域にあります。

評価方法は「宅地課税されている固定資産税評価額×宅地の倍率×規模格差補正率」でよろしいでしょうか？

A　倍率地域の地積規模の大きな宅地の評価については、まず、財産評価基本通達の21-2の「ただし、」以降をご参照ください。

> 21-2　倍率方式により評価する宅地の価額は、その宅地の固定資産税評価額に地価事情の類似する地域ごとに、その地域にある宅地の売買実例価額、公示価格、不動産鑑定士等による鑑定評価額、精通者意見価格等を基として国税局長の定める倍率を乗じて計算した金額によって評価する。**ただし、倍率方式により評価する地域（以下「倍率地域」という。）に所在する20−2（地積規模の大きな宅地の評価）に定める地積規模の大きな宅地（22−2（大規模工場用地）に定める大規模工場用地を除く。）の価額については、本項本文の定めにより評価した価額が、その宅地が標準的な間口距離及び奥行距離を有する宅地であるとした場合の1平方メートル当たりの価額を14（路線価）に定める路線価とし、かつ、その宅地が14−2（地区）に定める普通住宅地区に所在するものとして20−2の定めに準じて計算した価額を上回る場合には、20−2の定めに準じて計算した価額により評価する。**

「ただし、」以降が平成30年1月1日以降の課税分として追記された部分です。

計算式は、

> 近傍標準宅地単価（または評価対象地の固定資産税路線価）×宅地の倍率×普通住宅地区の各種画地調整率×規模格差補正率×地積

となります。

　固定資産税評価額には、考慮されるべき減価要因が反映されていない場合が多いので、「固定資産税評価額×宅地の倍率×規模格差補正率」ではなく、前述のように、近傍標準宅地単価（または固定資産税路線価）から計算をスタートさせるようにしてください。

　なお、「宅地の倍率」（たとえば1.1）を乗じるのを忘れる方が非常に多いので注意しましょう。

Q 　評価対象地は都市郊外の倍率地域にある国道沿いの3,000㎡の工場敷地です。

　市街化調整区域にある土地ですが、線引き以前からの宅地であり、都市計画法34条12号の規定に基づく県の条例で開発許可を受けて工場を建てた経緯があります。

　通達20-2では、都市計画法34条10号、11号の規定に基づき条例で指定された区域は適用可能となっていますが、12号のことは情報（資産評価企画官情報第5号・資産課税課情報第17号（平成29年10月3日）「財産評価基本通達の一部改正について」通達等のあらましについて）にも触れられていません。このような土地ですが、地積規模の大きな宅地の評価は可能でしょうか？

　仮に適用可能だとしても評価対象地には工場が建っており、同じ県道沿いには工場、店舗ばかりで住宅は1軒もありません。

　総合的に考えて、適用すべきでしょうか？適用すべきではないのでしょうか？

A 　地積規模の大きな宅地の評価の規定は、財産評価基本通達20-2に記載されているとおり、「都市計画法第34条第10号又は第11号の規定に基づき宅地分譲に係る同法第4条（定義）第12項に規定する開発行為を行うことができる区域」は適用OKとされており、34条12号のことは通達にも情報にも記載がありません。

　しかし、この通達20-2は「戸建住宅用地として分割分譲する場合に発

生する減価を反映させる」ことを趣旨としています。これを考えれば、「第三者が住宅用地として購入し分割して分譲することが可能かつそれに適した土地」であれば適用すべきと考えます。

　ご質問の土地が、「34条12号の規定に基づく県の条例で開発許可を受けることが可能な土地」であり、かつ「第三者が住宅用地として購入して分割して分譲することが可能かつそれに適した土地」であれば適用してもよいと考えますが、既述のとおり、適用の可否はグレーゾーンです。

　したがいまして、適用して申告する際は、グレーゾーンであるが、通達・情報の趣旨からすれば適用すべき、ということを文章でしっかりと説明し、また税務署との見解の相違が生じて地積規模の大きな宅地の評価の適用を否認される可能性もあることを相続人にも理解してもらっておくことが必要と考えます。

　ただ、ご相談の土地については悩ましいことが1点あります。

　それは、ご相談の土地が旧広大地には該当しない土地と判断される点です。評価対象地と同じ県道沿いは明らかに物流用地、工場用地、店舗用地に適したエリアであり、戸建住宅はほとんどありません。評価対象地は倍率地域にありますが、路線価地域なら間違いなく中小工場地区（区分については「6-2 散在地区とは」を参照）となるエリアと思われます。中小工場地区なら地積規模の大きな宅地も適用対象外となります。

　非常に悩ましいところですが、結論は、「グレーゾーンだがしっかり根拠説明して適用して申告する、否認の可能性があることを相続人に理解してもらった上で税務署がどう判断するか様子を見る」、まずはこのようなスタンスで申告されてはいかがでしょうか。

　また、今回のケースは現実の市場での時価がどのくらいかも確認して、適用すべきかどうかを検証した方がよいでしょう。適用しない場合

及び否認された場合の評価額が時価を大きく上回るような場合は、鑑定評価による時価で申告または更正の請求を行うことも視野に入れておきましょう。なお、財産評価基本通達20-2に都市計画法第34条12号が触れられておらずグレーゾーンである点については一刻も早く情報や通達改正が望まれるところです。

地積規模の大きな宅地の評価はできるか ～市街地農地の場合～

国税庁ＨＰに以下のような質疑応答事例があります。

〔地積規模の大きな宅地の評価—市街地農地等〕

【照会要旨】

市街地農地については「地積規模の大きな宅地の評価」の適用対象となるのでしょうか。

【回答要旨】

市街地農地について、「地積規模の大きな宅地の評価」の適用要件を満たす場合には、その適用対象となります（市街地周辺農地、市街地山林及び市街地原野についても同様です。）。ただし、路線価地域にあっては、宅地の場合と同様に、普通商業・併用住宅地区及び普通住宅地区に所在するものに限られます。

なお、市街地農地等であっても、①宅地へ転用するには多額の造成費を要するため、経済合理性の観点から宅地への転用が見込めない場合や、②急傾斜地などのように宅地への造成が物理的に不可能であるため宅地への転用が見込めない場合については、戸建住宅用地としての分割分譲が想定されませんので、「地積規模の大きな宅地の評価」の適用対象となりません。

回答要旨の最後に、「『地積規模の大きな宅地の評価』の適用対象となりません。」と記載がありますが、どの程度の宅地造成費であれば①②の場合に当てはまるのか判断がつきません。

市街地農地は、宅地造成費を計上した場合、地積規模の大きな宅地の評価はできないのでしょうか？

A この質疑応答事例の趣旨は、「宅地になり得ないような市街地農地は、宅地比準方式で地積規模の大きな宅地の評価を適用するのではなく、農地比準方式、つまり純農地で評価しなさい」ということです。

回答要旨に「『地積規模の大きな宅地の評価』の適用対象となりません。」と記載がありますが、言い換えると「『地積規模の大きな宅地の評価』を適用するのではなく、純農地として評価してください。」
となります。

回答要旨の「①宅地へ転用するには多額の造成費を要するため、経済合理性の観点から宅地への転用が見込めない場合や、②急傾斜地などのように宅地への造成が物理的に不可能であるため宅地への転用が見込めない場合」というのは、イメージとしては宅地造成費を控除するとマイナス、もしくはゼロに近いような数値になる場合のことです。この場合は、宅地比準方式ではなく、農地比準方式（純農地）で評価するということになります。市街地山林の評価においても、財産評価基本通達49で同様に規定されています。

もちろん①②に当てはまらない場合は、地積規模の大きな宅地の評価を適用し、宅地造成費も控除して評価額を算出しますので、適用漏れのないようにしましょう。

Q　相続財産は４筆からなる共同ビルの敷地のうち１筆です。

ビルは４筆にまたがって建っているので評価単位は、

以下の国税庁HP質疑応答事例のように１画地だと理解しています。

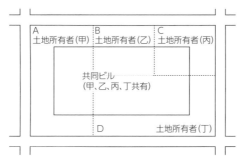

（出典）国税庁HP「No.4603 宅地の評価単位」
https://www.nta.go.jp/law/shitsugi/hyoka/02/13.htm

　相続財産が図中のＢ土地として、このＢ土地が300㎡、全体地合

計1,500㎡の場合、Ｂ土地の評価額を算出する際、地積規模の大き

な宅地の評価を適用してもよろしいでしょうか？

A　結論からいいますと、全体地を１画地としてみて地積規模の大き
な宅地の面積要件を検討します。全体地合計1,500㎡なので面積要
件は満たすことになります。

　（面積以外の要件も満たせば適用可能です）

今回ご相談のように、

①複数の筆が１画地として利用されている場合

②１筆が共有持ち分になっていて１画地として利用されている場合

③分譲マンションの敷地で敷地権が設定されている場合

　いずれも利用単位（全体地）の面積で地積規模の大きな宅地の評価の適用可否判定を行います。

　ただし、②は質疑応答事例に記載がありますが、①（今回ご相談のケース）及び③は今のところどこにも記載がありません。とはいえ②の考え方や地積規模の大きな宅地の評価の規定趣旨に鑑みれば適用検討すべきと考えます。

　地積規模の大きな宅地の評価の面積要件は持ち分考慮前の面積、全体地の面積で検討するようにしてください。

評価対象地は1,200㎡の別荘地です。概要は以下です。

・三大都市圏以外に所在

・路線価地域、普通住宅地区

・非線引き都市計画区域

・第1種低層住居専用地域

・建ぺい率30％、容積率50％

・路線価　33,000円/㎡

　評価対象地に近い地価公示の標準地の面積は1,300㎡なので、こ
れがこの地域の標準的な宅地の面積だと思われます。評価対象地は
周辺の土地の大きさと比較して特別に大きいという感じではないの
ですが、要件を満たすので「地積規模の大きな宅地の評価」も適用
してよいのでしょうか？

　まず、別荘地エリアは標準的な宅地の面積がそもそも大きく、
1,000㎡以上が標準的な大きさということをご認識ください。した
がって、路線価、固定資産税評価額、近傍標準宅地単価に、「大きい」
ということは織り込み済みと考えられます。

　また、そもそも「地積規模の大きな宅地の評価」の減価は戸建住宅用
地としての分割分譲に伴う減価を反映したものです。もちろん要件を満
たすので何も考えずに適用すればよい、という考え方もあります。

しかし、別荘地は分割された後の面積が1,000㎡以上であることも多く、分割分譲に伴う減価は生じません。したがって1,000㎡以上かつ他の要件を満たすからといって安易に適用するのはこの減価規定の趣旨に沿った考え方とはいえないと思います。

　ただし、別荘地の場合は、路線価、固定資産税評価額、近傍標準宅地単価が実勢市場単価の下落に追いついていないことも多く、高止まりしているケースもあります。

　このような場合は「地積規模の大きな宅地の評価」を適用しなければ時価よりも高くなってしまいます。

　したがって必ず時価相場を確認し、適用するかどうかを判断することも重要です。つまり、適用しないで評価すると時価よりも高くなるので、あえて適用して時価に近づけるという、財産評価基本通達の中での柔軟な対応も視野に入れた方がよいと考えます。時価よりも高くなってしまうからといって、即、鑑定評価を検討する必要もありません。宅地造成費の控除も含め、まずは財産評価基本通達の規定の範囲内で時価に近づけることを検討し、どうしても時価に近づけられなければ鑑定評価を検討しましょう。

　「2-7　別荘地の宅地造成費」も参照してください。

3-7　地積規模の大きな宅地の評価はできるか
　　　〜市街化調整区域にある倉庫と高齢者介護施設の場合〜

> **Q** 　評価対象地が市街化調整区域にある案件が2件あるので
> すが、1件は倉庫、もう1件は高齢者介護施設が建ってい
> ます。このような場合、市役所で調査せずに「地積規模の大きな宅
> 地の評価」を適用してもよいでしょうか？

A 　市街化調整区域内は原則建物が建てられませんが、以下の3パ
ターンに分かれます。

①どんな建物でも建てられる

②用途限定または人の属性限定で建てられる

③どんな建物もいっさい建てられない

　すでに建物が建っている土地であっても、①か②かは役所調査しなけ
ればわかりません。③なのに適法建築で建物が存在している場合もあり
ます。

　したがって地積規模の大きな宅地の評価は市街化調整区域内の土地は
原則適用不可ですが、すでに建物が建っているからといって、「地積規
模の大きな宅地の評価」を適用できるとは一概に言えません。市街化調
整区域内の土地の評価にあたっては、開発指導課などの窓口で役所調査
を必ず行うようにしてください。

　調査の結果、「①であるため倉庫や高齢者介護施設が建設されている」
という場合は宅地分譲も可能であることが多いので分譲時の分割分譲に
伴う減価が見込まれ、地積規模の大きな宅地の評価の適用が可能と判断
されます。

また、「②であるため倉庫や高齢者介護施設が建設されている」という場合は、宅地分譲は想定できないことが多いため地積規模の大きな宅地の評価の適用ができず、その代わり市街化調整区域内の雑種地の評価に準じてしんしゃく割合30％で評価します。

　市街化調整区域の土地のしんしゃく割合と規模格差補正率の重複適用の関係については以下のとおりですのでご参照ください。

				地積規模の大きな 宅地の評価適用
(イ)	評価対象地が条例指定区域内に存する場合で建物の建築が可能な場合		しんしゃく割合 0％	◯ 戸建住宅用地として分割分譲 <u>できる</u>土地
(ロ)	評価対象地が幹線道路沿いや市街化区域に隣接する地域に存する場合で、建物の建築が可能な場合	建築可能な建物の「用途」が店舗等に限定されている場合	しんしゃく割合 30％	✕ 戸建住宅用地として分割分譲 <u>できない</u>土地
		建築可能な「人」（人物属性）が限定されている場合		
(ハ)	評価対象地には建物の建築が不可の場合		しんしゃく割合 50％	

Q　評価対象地は普通住宅地区にあるガソリンスタンドの敷地ですが、地積規模の大きな宅地の評価の適用は可能でしょうか？規模格差補正率は、「戸建住宅用地としての分割分譲に伴う減価」なので、はたしてガソリンスタンド敷地は戸建住宅用地になりうるのか、要件を満たしても戸建住宅用地に適さない土地は適用不可なのでしょうか？

A　結論からいいますと、地積規模の大きな宅地の評価は要件さえ満たせば原則適用可能です。

　確かにこの規定は「大規模な土地を戸建住宅用地として分割分譲する場合に生じる減価」を反映させたものです。したがって戸建住宅用地に適した土地が適用の対象となるように思えます。

　しかし、例えば分割されずに一体地として利用されている分譲マンション敷地は、現実に戸建住宅用地に適していないため分譲マンションが建っているといえますが、要件を満たせば適用は可能です。

　このように規定の趣旨からはずれて納税者有利な場合も現実にはありますが、そこは納税者有利なので気にしなくてけっこうです。

　また、ガソリンスタンド敷地はガソリン等による土壌汚染の可能性がありますので、跡地が戸建住宅用地となるかは未知数ですが、ガソリンスタンド敷地だからといって適用不可ということはありません。あくまでも要件に当てはまるかどうかでご判断ください。

> **Q** 評価対象地の所在する県は一部が三大都市圏で、他が三大都市圏以外のようです。
>
> 評価対象地が三大都市圏に所在するか否かを確認するにはどのように調査すればよろしいでしょうか？

A 三大都市圏に該当するかどうかですが、『「地積規模の大きな宅地の評価」の適用要件チェックシート』の第2面に以下のように記載されています。

（注）1 三大都市圏とは、次に掲げる区域等をいいます（略）。
　① 首都圏整備法第2条第3項に規定する既成市街地又は同条第4項に規定する近郊整備地帯
　② 近畿圏整備法第2条第3項に規定する既成都市区域又は同条第4項に規定する近郊整備区域
　③ 中部圏開発整備法第2条第3項に規定する都市整備区域

したがって、評価対象地が①〜③の区域に該当するかどうかを市役所等に確認すればわかります。少し回答までに時間がかかるかもしれませんが、市役所等にお電話されてみてください。

代表番号から総務課経由で、しかるべき部署につないでもらう、という流れでよろしいかと思います。場所によっては県や市のHPで公開していることもありますので、電話の前にインターネットで検索してみるのもよいでしょう。

分譲マンション敷地の地積規模の大きな宅地の評価

> **Q** 　区分所有の分譲マンション1室の評価ですが、地積規模の大きな宅地の評価の面積要件は敷地権の持ち分を考慮した後の面積で判断するのですか？それとも持ち分考慮前の全体地の面積で判断するのですか？他に評価上の留意点があれば教えてください。

A 　結論からいいますと、持ち分考慮前の全体地の面積で判断します。国税庁ＨＰ質疑応答事例にも以下記載がありますのでご確認ください。

「地積規模の大きな宅地の評価－共有地の場合の地積規模の判定」

https://www.nta.go.jp/law/shitsugi/hyoka/20/01.htm

　分譲マンションの敷地は敷地権が設定されている場合とされていない場合がありますが、どちらの場合も共有地として捉えればけっこうです。

　敷地権の設定がある場合は敷地権割合、ない場合は共有持ち分割合を登記簿、固定資産税課税明細書等でご確認ください。

　なお、分譲マンション敷地は規模が大きいため、地積規模の大きな宅地の評価だけでなく、奥行価格補正（15）、不整形地の評価（20）、容積率の異なる2以上の地域にわたる宅地の評価（20-7）、私道の用に供されている宅地の評価（24）、都市計画道路予定地の区域内にある宅地の評価（24-7）、賃貸されていれば、貸家建付地の評価（26）など、減額できる可能性が複数ありますので丁寧に調査して適正な評価額を算出して

ください。

　また、分譲マンションの区分所有の1室はネットで市場相場を把握しやすいので、過大評価を防ぐためにも、土地評価額と建物評価額の合計が相場からかけ離れていないか、最後にチェックされることをお勧めします。

3-11 容積率の定めのない地域の地積規模の大きな宅地の評価

Q 評価対象地は都市計画区域外にある雑種地ですが、役所で「都市計画区域外なので容積率は決められていません」と言われました。

「地積規模の大きな宅地の評価」の「容積率400％未満」という要件を満たさないので適用は不可でしょうか？

A 結論からいいますと、容積率の定めがないエリアであっても評価対象地周辺を含む都市計画区域外のエリアで戸建分譲の実績（事例）があれば適用してよいと考えます。

そもそも地積規模の大きな宅地の評価の適用要件で容積率の限度が決められているのは、ビルやマンションなど、規模の大きな建物を建てるのに適したエリアを排除（適用除外）するためです。300％、400％以上の地域は適用除外、との趣旨からすればグレーゾーンではありますが、「定めがない」エリアは全域が300％、400％以上のエリアとされていない、とも解されます。

容積率の定めのないエリアはそもそも大きな建物を建てる需要がないエリアなので容積率の規定がなく、既存建物は小規模なものが多いと思います。評価対象地周辺を含む都市計画区域外のエリアを航空写真等でよく確認してみてください。

適用して申告する場合は、戸建分譲の実績（事例）を添付し、評価対象地は規模による減価が生じる土地であるということをきちんと説明することが望ましいでしょう。

4-1 私道に付された路線価は適正か

Q 　行き止まりの私道（位置指定道路（建築基準法第42条1項5号））に路線価が付されていますが、私道なので路線価が付されていることに違和感があります。この路線価を使って評価してよいものでしょうか？

A 　結論からいいますと、この私道の路線価を使って評価してください。

　位置指定道路は建築基準法上の道路（建築基準法第42条1項5号）です。私人が所有する道路ではありますが、建築基準法上の道路ですので、準公道的な位置付けになります。

　建物敷地として使えませんし、構築物の築造も禁止です。「廃道」の

可能性も残されてはいますが、ご相談の私道の場合は建物が建ち並んでおりその実現性は低いと思われますので、当面は道路としてしか使えない土地です。したがって、路線価が付されていればそれを使って評価することで何の問題もありません。

　ただし、次の写真のように明らかに共同住宅の敷地内通路で、建築基準法上の道路ではないのに路線価が付されているという場合は、この路線価は使わないという選択肢もあります。

　評価対象となる私道や評価対象地に接する私道は、それが建築基準法上の道路かどうか、誰がどのように使っているか、使っているのは単独の人か特定の複数の人か不特定多数の人か、通り抜けできるかできないかなどをしっかりと調査して評価方針を決めてください。

4-2　隅切り部分の評価

Q　写真のように、評価対象地の角の一部がいわゆる隅切り部分（すみき）となっています。

公図上は分筆されていませんし、評価対象地の一部ですが、評価にあたってどのように考慮すればよろしいでしょうか？

①

②

A　隅切り部分が不特定多数の者の通行の用に供されている状態で、自転車や植木鉢などが置かれていない状態、つまり土地の一部が道路として提供されている状態であれば、その部分はゼロ評価の私道として扱うのがよいでしょう。ただし、自転車、植木鉢、自動販売機などが置かれて私的に使われているのであれば、減額すべきでないと考えます。

①の写真では、隅切り部分（三角形の部分）は完全に道路として提供されていますのでゼロ評価（評価しない）でよいでしょう。

②の写真では、三角形の隅切り部分に植木鉢が1つ置かれています。隅切り部分の全部に多くの植木鉢や自転車が日常的に置かれているのであれば減額すべきでありません。その場合は隅切り部分も含めて建物敷地として評価すべきと考えますが、②や③の写真のように1つの植木鉢やゴミ、廃棄物（タイヤなど）などであればすぐに道路として提供可能ですので、隅切り部分は建物敷地から切り離してゼロ評価でよいでしょう。隅切り部分の利用状況や隅切り部分と建物敷地がどのように区切られているかを現地でよく確認して判断しましょう。

■ ゼロ評価の隅切りの例

③

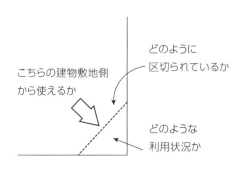

4-3　私道の上に高圧線が通過している場合の減価

Q　評価対象は位置指定道路（建築基準法第42条1項5号）の私道持ち分です。写真のようにこの私道の上空を高圧線が通過しています。

この私道は特定の者の通行の用に供されているので自用地価額の3割で評価しようと思いますが、高圧線下地として減価してもよいでしょうか？高圧線下地の減価は建物の高さや用途の建築制限がベースになっていると思いますので、建物が建つ可能性の低い私道に建築制限に基づく減価をしていいのか迷っています。

A 　結論からいいますと、私道の3割評価を行った後、高圧線下地としての減価も考慮して評価します。具体的には、特定の者の通行の用に供されている私道として自用地評価額の3割で評価した後、区分地上権に準ずる地役権の価額を控除する、ということになります。

　たしかに、高圧線下地の減価は建物の高さや用途の建築制限がベースになっていますので、私道に適用していいのか迷ってしまいます。

　しかし、位置指定道路は所有者が役所（建築課等）に申請して「私道」として認定してもらっている道路であり、「所有者全員が同意しますので認定を取り消してください」＝「廃道（はいどう）」という手続きも可能なので、将来的に建物の敷地になる可能性が多少残されています。

　したがって、ご相談のような評価対象地が位置指定道路に指定されている私道であれば高圧線下地の減価（区分地上権に準ずる地役権価額の控除）は行います。位置指定道路ではない私道であっても3割評価する場合は、高圧線下地の減価は行います。

　ただし、位置指定道路ではない私道で、不特定多数の者の通行の用に供されている場合は評価しない（評価額ゼロ）ので、高圧線下地の減価については考慮する必要はないということになります。

　高圧線下地の減価は私道でも適用すべき場合がありますので、見逃さないように注意しましょう。

Q 　相続財産に私道持分が何件もあり、ゼロ評価すべきか、3割評価すべきか迷っています。

「不特定多数の者の通行の用に供されている」「通り抜けできる」という判断基準以外にもっと具体的な判断基準はありますか？

A 私道の評価が複数件ある場合はやはり評価に一貫性をもたせる必要があると考えます。

つまり、ゼロ評価と3割評価を分ける「基準」を明確にするということです。

それは「誰が通行しているか」「通り抜けできるか」「私道沿いに公共の施設があるか」という利用実態に基づくのが原則です。

具体的には次の①②③を確認します。

①その私道沿いの住民以外の不特定多数の人が通っている

②その私道を通過して別の場所に通り抜けができる

③私道沿いに公共色の強い施設（店舗、バス停、病院・診療所、公民館等の公の施設）がある

そして①②③のうちいずれかに当てはまるものをゼロ、いずれにも当てはまらないものを3割、とするのがよいでしょう。

ここで「不特定多数の人」とは「私道沿いの住民を含む周辺の地域住民」と捉えます。「私道沿いの住民」は「特定・複数の人」となります。

例えば「通り抜けできる」といっても私道沿いに公的な施設がなく、

まわって戻ってくるような形態のものは実質的には行き止まりと同じといえますので3割評価が妥当と考えます。なお、私道の幅員は判断のための要素とはなりません。

また、ゼロ評価すべき私道が必ずしも建築基準法上の道路である必要ありませんが、建築基準法上の道路であれば、ゼロ評価の根拠をより強固なものにするためベターといえます。

以上の判断基準で判断し、3割評価する私道は画地調整率を乗じるなどしてできる限り低く評価するということでよろしいかと思います。

国税庁HP質疑応答事例（不特定多数の者の通行の用に供されている私道）では以下のように記載がありますので転載します。

【照会要旨】

1　私道が不特定多数の者の通行の用に供されているときは、その私道の価額は評価しないこととなっていますが、具体的にはどのようなものをいうのでしょうか。

2　幅員2メートル程度で通り抜けのできる私道は財産評価基本通達24に定める不特定多数の者の通行の用に供されている私道に該当しますか。

【回答要旨】

1　「不特定多数の者の通行の用に供されている」例を具体的に挙げると、次のようなものがあります。

　　イ　公道から公道へ通り抜けできる私道

　　ロ　行き止まりの私道であるが、その私道を通行して不特定多数の者が地域等の集会所、地域センター及び公園などの公共施設や商店街等に出入りしている場合などにおけるその私道

　　ハ　私道の一部に公共バスの転回場や停留所が設けられており、不特定多数の者が利用している場合などのその私道

2　不特定多数の者の通行の用に供されている私道とは、上記のようにある程度の公共性が認められるものであることが必要ですが、道路の幅員の大小によって区別するものではありません。

4-5　自宅と貸家とアパートの私道の評価

Q　自宅と貸家とアパートのための私道の評価ですが、特定の者の通行の用に供されているので自用地価額の３割で評価しようと思います。貸家建付地としての減額もできるのでしょうか？

私道
50㎡

①
自宅敷地
100㎡
〈自用地〉

②
貸家敷地
100㎡
〈貸家建付地〉

③
アパート敷地
200㎡
〈貸家建付地〉

A　結論からいいますと、私道部分も貸家建付地としての評価減ができます。

貸家とアパートの賃貸割合を考慮した上で、

①自宅敷地100㎡＋②貸家敷地100㎡＋③アパート敷地200㎡＝400㎡
に対して、

②＋③＝300㎡分、つまり４分の３を貸家建付地評価します。

借地権割合60％、借家権割合30％とすると計算式は以下となります。

> [自用地としての私道の評価額] × （ 1 − 0.6 × 0.3 × 賃貸割合
> × 300㎡/400㎡ ）

　貸家床面積60㎡が賃貸中、アパート床面積300㎡のうち240㎡が賃貸中とすると、賃貸割合は300/360となります。

　この計算例では減価率は11.25％なのでそれほど大きな減価とは言えないかもしれませんが、地価の高いエリアではそれなりにインパクトがありますので、賃貸中の建物に接する私道も貸家建付地として確実に減価するようにしましょう。

　なお、共有の私道であっても単独所有の私道と同様に貸家建付地としての減価は可能です。

4-6 特定の多数の者の通行の用に供されている私道の評価

Q 500㎡の行き止まり私道の持分6分の1が評価対象ですが、接する土地は所有していないので評価対象は私道だけという状況です。

その私道は位置指定道路（建築基準法第42条1項5号）であり、ほとんど価値がないと思われますのでゼロ評価でも大丈夫でしょうか？

A 結論からいいますと、ゼロ評価は妥当ではないと判断します。もちろん第三者にとってはほとんど無価値ですが、その私道に接する土地の所有者にとっては価値があるものであり、市場価値もゼロとまでは言えません。したがって、ご相談の土地も、奥行価格補正、不整形等で減額し、自用地価額の3割で一旦評価してみてください。

その結果、概ね市場相場レベルにまでは下がれば、それで申告すればよいでしょう。市場相場の目安は、地価、面積によってかわりますが、関係する土地1筆あたり5万～10万円程度（いわゆるハンコ代）で検証すればけっこうです。

ただし、面積が大きい場合は評価額も大きくなり、時価よりも大幅に高く算出されてしまう場合もあります。この場合は鑑定評価による時価での申告も視野に入れてください。

なお、3割評価の私道は面積要件を満たすからといって、地積規模の大きな宅地の評価減は行わないのが妥当と考えます。

> **Q** タワー分譲マンションの1室の評価で、その敷地を評価する際ですが、公開空地（こうかいくうち）の部分は減価できるのでしょうか？

A 結論からいいますと、公開空地は減価要因になりません。以下、詳しく解説します。

少し規模の大きな分譲マンションや賃貸マンション敷地などには次の写真のような公開空地が設けられています。都心部の大規模な分譲マンション敷地によく見られます。

■ 公開空地のお知らせ看板

■ 公開空地の例

　公開空地は建築基準法第59条の2の総合設計制度に基づいて高層マンションなどを建築する際、容積率を上乗せする代わりに誰でも通行できるように設けられた「空地<ruby>（くうち）</ruby>」です。

　公開空地は比較的規模の大きなマンションなどの敷地に見られ、その建物が存続する間は空地としての利用に限定されます。

　一方、似たようなものに、提供公園<ruby>（ていきょうこうえん）</ruby>というのがあります。

　これは都市計画法第29条に基づく各自治体の条例や指導要綱で規定されているもので、「3,000㎡以上の開発にあたって3％以上の提供公園の設置が必要」と規定されているのが一般的です。

　提供公園の土地の所有権は無償譲渡により自治体に移転しますが、公開空地の場合は、その部分の土地の所有権は自治体に移転しません。分譲マンションの敷地内の公開空地には建物所有者の敷地権が及んでいます。

　空地としての利用に限定されている公開空地ですが、それは敷地内の建物が存続する間だけであり、建物を解体した後も公開空地としなければならないわけではありません。したがって、その土地を評価するにあ

たり、特に減価はしません。評価単位も建物敷地と公開空地部分は一体評価であり、別の評価単位とはなりません。

国税庁HP質疑応答事例
「公開空地のある宅地の評価」
https://www.nta.go.jp/law/shitsugi/hyoka/04/34.htm

関連論点としては、「歩道状空地」です。

国税庁HP質疑応答事例
「歩道状空地の用に供されている宅地の評価」
https://www.nta.go.jp/law/shitsugi/hyoka/04/51.htm

歩道状空地は私道の範疇になりますので、場合によってはゼロ評価のこともありますが、自用地価額の3割で評価する場面が多いでしょう。

■歩道状空地の例

「公開空地」と「歩道状空地」は別のものですので、区別して覚えておいてください。

図のように6筆からなる私道の1筆だけが相続財産ですが、どのように評価すればよろしいのでしょうか?

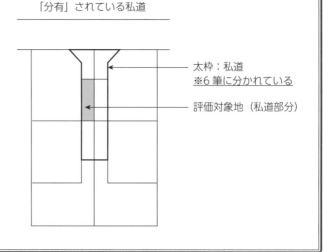

「分有」されている私道

太枠:私道
※6筆に分かれている

評価対象地(私道部分)

A 結論からいいますと、6筆の私道全体を評価し、持ち分で価額按分します。

最近このような分有の私道は少なくなっており、「1筆で共有」の場合がほとんどです。

しかし、昔の分譲地の私道はこのように筆が細分化されていて建物敷地には接しないように離れた場所に紐付けされている例が散見されます。建物敷地に隣接する筆を所有していると、私道としての利用に限定するよう当事者間で合意していても、所有者が変わるとそのルールを守らず私道の方に越境して門や塀を作ったり、建物敷地に取り込んだりし

て、私道として当初の形を維持できなくなります。

　したがって、このように建物敷地と離れた場をお互い所有しあうことで私道としてしか使えないようにしています。このようなことから複数人で所有する私道はいわゆる「運命共同体」ともいえます。

　評価対象の筆だけ取り出して評価するのではなく、私道を構成しているすべての筆全体を評価し、「評価対象となっている私道の面積／私道全体の面積」で共有持分のように計算するのが合理的な評価方法といえます。次の図の具体例も参考に理解してください。

「分有」のパターン　　　　　　　　　　　　　「共有」のパターン

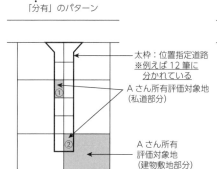
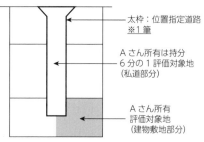

例）位置指定道路の12筆の合計面積　152.22㎡
　　①②の合計　23.52㎡
　　位置指定道路の評価は①②を個別に評価するのではなく、152.22㎡の私道を持分「23.52/152.22」で計算して算出する

例）位置指定道路の1筆の面積　152.22㎡
　　評価対象は持分6分の1

　　152.22㎡の私道を持分「1/6」で計算する

5　税理士を悩ませる「利用価値が著しく低下している宅地」

5-1　高低差のある土地の利用価値が著しく低下している宅地として評価減できるかどうかの判断基準

Q 隣地との高低差がある土地を評価する際、利用価値が著しく低下している宅地として10％の評価減をしていいか迷っているのですが、基準のようなものはありますか？

A 利用価値が著しく低下している宅地の評価減については、明確な基準がないため、国税不服審判所でも争いの多い論点です。

とはいえ、多くの裁決事例がありますので、そういった意味ではある程度、減額できる土地の目安があります。

筆者が推奨する減価すべき判断基準は以下になります。

A.　評価対象地だけが、周辺の土地よりも「1m以上」高低差ある

B.　路線価に高低差による減価が反映されていない

C.　高低差のないところが評価対象地のどこにもない

A、B、Cをすべて満たし、さらに路線価や倍率、固定資産税評価額に反映されていない場合は評価減できると考えます。

AとCは比較的わかりやすいと思いますが、Bは迷うかもしれません。固定資産税評価額に高低差という減価要因が織り込まれているかどうかは、役所の窓口で聞けばほとんどの場合、教えてもらえますが、路

線価に高低差という減価要因が織り込まれているかどうかは、税務署は教えてくれません。

　この場合は、評価対象地と同じ路線価を路線価図の中から探し、その同じ路線価の土地の高低差を確認します。

　例えば評価対象地の路線価が100,000円/㎡だとしたら、同じ路線価図の中で100,000円/㎡の道路を探し、その道路沿いの土地の高低差を現地またはGoogleストリートビューなどで確認します。同様に高低差があるようであれば、織り込まれていると考えられます。

　これに対し評価対象地以外の、100,000円/㎡の路線価の道路沿いの土地に高低差がなかったとしたら、評価対象地の正面路線の路線価には、高低差が考慮されていない（織り込まれていない）と判断されます。

　ぜひ上記A、B、Cを評価対象地に当てはめてみて判断してみてください。

> **Q**　評価対象地（2階建てアパートの敷地）の一部に、傾斜度約35度のがけ部分があり、総地積の約15％あります。
>
> 　がけ地として評価すると補正率は南向き0.96、東向き0.95、西向き0.94、北向き0.93、となっており、利用価値が著しく低下している宅地としての10％評価減を適用した方が低い評価額になります。
>
> 　10％減価ができれば、がけ地補正率を適用するより評価額が低くなるのですが、このような単純な比較だけで利用価値が著しく低下している宅地として評価してよいのでしょうか？

A　がけ地等を有する宅地の評価で、がけ地補正率が0.9超の場合は、やはり利用価値が著しく低下している宅地の10％評価減と比較検証します。

　ここで注意しなければならないのは、この2つの減価要因は無条件にどちらか有利な方を選ぶことができるわけではないということです。

　がけ地補正は総地積に対するがけ地部分の面積割合が10％以上であれば、適用可能です。

　一方、利用価値が著しく低下している宅地として評価減する場合の筆者が考える要件は以下です。

A．評価対象地だけが、周辺の土地よりも「1m以上」高低差ある

B．路線価に高低差による減価が反映されていない

C．高低差のないところが評価対象地のどこにもない

評価対象地が前記A、B、Cすべての要件を満たして初めて、がけ地補正率との比較において有利な方を選ぶことができる、ということになります。

　ご質問の土地においても、A、B、Cすべての要件を満たすかどうかを検証して判断してみてください。

　なお、評価対象地の地盤面が道路よりも高い、または低いことによる利用価値低下の10％減とがけ地補正はともに「高低差」を要素とした減価であるため重複適用すべきではありません。

5-3 騒音データ取得のための騒音計

Q 利用価値が著しく低下している宅地の10％評価減するための根拠として、騒音のデータを取得したいのですが、どのようにすればいいのですか？

A 評価対象地の近くに鉄道線路などがあり、騒音による利用価値の著しい低下が認められる場合は、騒音計を使ってデータを取りそれを根拠にすればよいでしょう。

騒音計はデータが保存できないものであれば5,000円程度でも売られていますし、スマホの無料アプリもあります。ただし、データがSDカード等で保存できるものは機種が少なく値段も3万円前後するようです。とはいえ、評価対象地の近くに騒音元があってもどの程度「うるさい」と感じるかは個人差がありますので、やはり客観的なデータ（デシベル値）を取り、それを根拠に評価減するのがよいでしょう。

騒音による10％減を行う場合は、可能な限り騒音計のデータを添付することをお勧め致します。

Q　評価対象地が鉄道の線路沿いにあるのですが、騒音計がないので計測できません。

騒音計でデータを取らなければ減価はできませんか？

A　騒音計によるデータがなくても客観的に「うるさい」と感じる場合は利用価値が著しく低下している宅地として10％減価してもよいでしょう。ただし、減価する場合は根拠を別紙に記載し、しっかり言葉で説明するようにしてください。

　減価する場合の根拠として、

・至近駅の上下線の時刻表で1時間に通過する電車の本数

・評価対象地は駅と駅の中間点にあるため最もスピードが出るため大きな音が出る

・評価対象地の至近駅は各駅停車しか止まらないため急行電車通過時は特に大きな音が出る

・踏切が近いため踏切警報音も大きく聞こえる

・電車通過時はテレビの音や会話が聞こえなくなる

・通勤通学の時間帯は窓が開けられない

など、時刻表などのデータに加え、相続人等にヒアリングし、発生している騒音が評価対象地上の建物での日常生活に影響を及ぼしている事実を列挙すればよいでしょう。

　ただ、騒音は「慣れ」ますので、居住者に聞いてもそれほど気にならないという方が多いようです。

減価の判断は居住者の「主観」ではなく客観的事実に税理士・会計士の先生方の「主観」を少しプラスして行うようにしてください。

　なお、利用価値が著しく低下している宅地として10％減価できるのは路線価（または近傍標準宅地単価）に騒音による減価が織り込まれていない場合ですのでこの点はご注意ください。

利用価値が著しく低下している宅地の 20％減は可能か

> **Q** 評価対象地は路線価地域にありますが、近くに鉄道線路と墓地があります。この場合、騒音で10％減し更に墓地で10％減の重複適用をすることが出来ますか？

A 結論からいいますと、利用価値が著しく低下している宅地として騒音10％、墓地10％、ともに減額可能と考えます。

ただし、路線価にどちらかの減額要素が織り込まれていないことが前提です。合計20％（1 －（0.1 ＋ 0.1））の減額でよいでしょう。

参考までに、平成13年の国税不服審判所の裁決要旨をご確認ください。

新幹線の高架線の敷地に隣接し、かつ、元墓地である土地の価額の評価について、請求人は、新幹線の震動・騒音による10％の評価減のほか、本件土地には第2次世界大戦中の空襲による死者の人骨が埋没しており土の入替えが必要であることから、更に50％の評価減をすべきと主張し、原処分庁は、本件土地が現に宅地として使用されているから土の入替えによる評価減は認められないので、元墓地であることの評価減10％と震動・騒音による評価減10％を合わせた20％の評価減とすべき旨主張する。しかしながら、本件土地は元墓地であったが昭和19年4月に別地に改葬され、人骨が埋没していると認めるに足る証拠もないことから、元墓地であることによる10％の評価減を行った原処分をあえて不相当とすべき理由はない。また、新幹線の高架線の敷地に隣接していることによる著しい利用価値の低下については、甚だしい震動及び騒音のほか、本件土地の付近は、主として住宅地として利用されており、高架線が地上約7メートルの高さにあることからすれば、日照及び眺望への影響が認められるので、震動及び騒音による10％の評価減に加え、更に10％の評価減を行うのが相当である。（平13. 6. 15仙裁（諸）平12 - 33）

（出所：国税不服審判所裁決要旨検索システム）

評価対象地は変電所に隣接する賃貸マンション敷地（路線価地域）です。

　高圧線は評価対象地の上空を通過していませんので、その減価はできないのですが、変電所の隣ということで「利用価値が著しく低下している宅地」として10％評価減は可能でしょうか？

　ちなみに相続人によれば、たまに「ブーン」という音がしていて、線の結節箇所で火花が散っているのを見たことがあるようです。

A 　結論からいいますと、10％の評価減は可能と考えます。もちろん路線価に変電所の存在による減価が織り込まれていないことが前提です。

国税庁HPのタックスアンサー「No.4617　利用価値が著しく低下している宅地の評価」において減価「できる」と記載があるのは、

1.　高低差
2.　地盤の凹凸
3.　震動
4.　騒音、日照阻害、臭気、忌み等によりその取引金額に影響を受けると認められるもの

　です。

　この4.の「忌み等」の中には、さまざまなものが含まれます。取引価格に影響を与えるものとしては、下水処理場、廃棄物処理場、変電所、殺人等の事件の現場となった建物、暴力団組事務所、風俗店、刑務所、いわゆるゴミ屋敷、歩道橋・ガードレール、などが挙げられます。

　現地調査や相続人、不動産業者等からのヒアリングで上記のいわゆる忌み施設があり、それが原因で評価対象地の市場相場が低くなる、ということであれば、評価においても減価してもよいでしょう。

　ただし、忌み施設が近くにあるからといってすべて減額するのではなく、どの程度近くにあるか、評価対象地との位置関係、路線価や固定資産税評価額に織り込まれているかどうか等を慎重に検証して最終判断するようにしてください。

6 税理士を悩ませる「固定資産税評価額、固定資産税路線価、近傍標準宅地」

6-1 固定資産税が山林で課税されている畑の評価

> **Q** 　倍率地域の畑がありますが、固定資産税は山林で課税されています。
>
> 　周辺に宅地はなく、山林、原野の中にある畑という感じです。
>
> 　この場合、相続税の評価は山林として評価するか、畑として評価するのか、どちらでしょうか？
>
> 　具体的には
>
> ①　相続時の地目は畑なので、近傍標準畑の単価を役所で確認し、「畑単価×畑の倍率×地積」で算出
>
> ②　「山林として課税されている固定資産税評価額×山林の倍率」
>
> のどちらでしょうか？

A 　倍率地域の評価では、現況（相続開始日時点）の地目と固定資産税の課税地目が異なることは日常茶飯事です。

　原則は、現況（相続開始日時点）の地目で評価しますので、ご質問のような場合は、現況地目である「畑」で評価するのが原則です。

　しかし、役所によっては近傍標準畑の単価を開示してくれないところもあります。

　したがって、近傍標準畑の単価がわかれば「畑単価×畑の倍率×地

積」で算出し、わからない場合は「山林として課税されている固定資産税評価額×山林の倍率」で算出するしかありません。

　ただし、周辺が山林、原野ということであれば、評価対象地の畑は山林、原野を伐採・伐根して造られたとも考えられますので、「山林として課税されている固定資産税評価額×山林の倍率＋伐採伐根費」という計算式で算出した評価額が過大評価にならないようであれば、これもひとつの評価方法と考えられます。

　場合によっては現地調査できないこともあるかもしれませんが、相続人へのヒアリング、航空写真の確認など、できる限り情報を収集し、最終的には時価よりも高い評価額とならないよう気を付けてください。

6-2	散在地区とは

> **Q** 固定資産税の納税通知書に「散在地区」と記載されている土地があります。この「散在地区」とはどのような地区でしょうか？また評価上、何か留意することはありますか？

A　「散在地区」というのは固定資産税評価における状況類似地区のひとつです。わかりにくいと思いますので、まず固定資産税評価の大きな枠組みからお話します。

固定資産税評価における「宅地」の評価は、大きく分けて「路線価方式」と「標準地比準方式」の2通りの方法があります。

「路線価方式」は主に市街地で採用されており、「標準地比準方式」はそれ以外の地域で採用されています。ともに「標準的な土地の単価」を評価のスタートとして画地ごとに調整率を乗じて評価額を算出する方式ですが、「標準的な土地の単価」が、「路線ごと」に設定されているのが「路線価方式」、「状況が類似している地域ごと」に設定されているのが「標準地比準方式」という違いがあります。

そして「路線価方式」においては用途地区の大区分が「商業地区」「住宅地区」「工業地区」「観光地区」の4つあり、この中に小区分として、繁華街地区、高度商業地区、普通商業地区、高級住宅地区、普通住宅地区、併用住宅地区、大工場地区、中小工場地区、家内工業地区、温泉街地区、名勝地区等があります。

一方、「標準地比準方式」では、状況類似地区の区分として、「散在地区」（家屋の散在する地域）、「集落地区」（農家・漁家等の集落）、「住宅

地区」（専用住宅が相当連たんしている地域）、「商業地区」（商店が相当連たんしている地域）があります。

　相続・贈与の財産評価では、倍率地域において「近傍標準宅地の単価」を使って評価する場合がありますが、その場合の「近傍標準宅地の単価」は「路線価方式」における「路線価（固定資産税路線価）」か「標準地比準方式」における「状況類似地区の標準地の単価」の、どちらかになります。

　「路線価（固定資産税路線価）」は評価対象地に接する路線に付されているものを採用すればよいので相続税路線価と同様に対処すればけっこうです。これに対し、「状況類似地区の標準地の単価」を採用する場合は、評価対象地が属する状況類似地区の物理的な範囲をまず確認し、その状況類似地区の中の標準地の単価を採用する、ということに留意する必要があります。

　「近傍標準宅地」を「評価対象地に最も近い標準宅地」と捉えている方が多いのですが、そうではありません。距離的に近くても状況類似地区が評価対象地と異なるのであればその標準地の単価は採用せず、距離的に遠くても状況類似地区が評価対象地と同じ地区の標準地の単価を採用してください。

　ご相談の相続財産の中に、倍率地域で近傍標準宅地の単価を使って評価する土地があれば、評価対象地が属する状況類似地区である「散在地区」の「標準地の単価」を使って評価するようにしてください。

　なお、状況類似地区は「全国地価マップ」トップページの〈固定資産税路線価等〉から表示したい地域を選択後、の左サイドバーの「状況類似地域(区)」のチェックボックスにチェックを入れると地図上に点線区分け・色分けされますので確認できます。

6-3	倍率方式での評価の基になる固定資産税評価額は どの年度のものを使えばよいか

 　　倍率方式で倍率を乗じる土地の固定資産税評価額は、財産評価基本通達21では「基準年度の価格又は比準価格」と記載があります。

　固定資産税評価額は、3年間据え置きというのが原則だと思いますが、地価下落エリアでは据え置かずに下げられている場合もあります。

　インターネットの情報では「課税年度の評価額が基準年度の評価額よりも下がっている場合は、課税年度の評価額に倍率を乗じて評価するのは誤り」などの情報も散見されます。

　例えば、3年ごとの評価替えの年である令和3年度が基準年度になりますが、令和4年度の相続の場合で、令和4年度の固定資産税評価額が令和3年度の評価額よりも下がっている場合、令和4年度の固定資産税評価額ではなく、令和3年度の評価額を採用しないといけないのでしょうか？

A 財産評価基本通達21では「基準年度の価格又は比準価格」とされていますが、地方税法附則第17条の2第1項の規定により地価下落が認められる場合は基準年度の価格に修正を加えることができる特例措置が設けられており、これは平成10年度より継続されていますので、実務上は課税年度の評価額で算定するのが一般的です。

　近傍標準宅地をスタートとして評価する場合も基準年度単価に時点修正率を乗じて評価するのが一般的です（時点修正率は役所窓口または

「全国地価マップ」で確認できます)。令和2年版の「財産評価基本通達逐条解説」にも以下のように記載されています。

> 「当該特例措置に基づき令和元年度又は令和2年度の価格が修正されている場合には、倍率方式で乗じられる金額たる固定資産税評価額は、当該修正後の価格によることとなる。」

　ネット情報も玉石混淆で、正しく取捨選択する必要があります。確かに土地評価はグレーゾーンが多いので色々な考え方、意見もあるでしょうが、通達の文字面だけにとらわれて杓子定規に規定の文言を妄信するのではなく、規定趣旨、時価の観点、あるべき論で考えるようにしてください。

　土地評価の実務も日々刻々と変化していますので、古いままのインターネットの情報に惑わされないようにご注意ください。

6-4 固定資産税評価額がゼロの土地の評価

> # Q
> 評価対象地に、固定資産税がゼロ評価の用悪水路と公衆
> 用道路があります。これは相続・贈与の評価もゼロでよい
> のでしょうか？

A 固定資産税がゼロ評価または非課税となっている筆については、まずは、現地がどのような状況か、またはどのように利用されているのかを確認します。

例えば、固定資産税の課税地目が公衆用道路であって、現実の利用状況が「不特定多数の者の通行の用に供されている私道」と判断できれば、相続・贈与時評価もゼロとなりますが、「特定の者の通行の用に供されている私道」であれば3割評価となります。

また、用悪水路に関しては、例えば「昔は排水用の水路であり、現在はふたがされていて宅地や駐車場の一部として使われているが、固定資産税は非課税」という状況であれば、相続・贈与の評価は他の筆と一体で評価し払い下げ価額相当額を控除する、ということになります。もちろん「現在も多数世帯の排水が流れている」という状況であればゼロ評価でかまいません。

悩ましいのが単独の世帯の排水が流れている場合です。この場合は、その用悪水路と周辺宅地との位置関係や昔からの経緯、宅地化の可能性などを考慮し、宅地の一部として評価する場合と、ゼロ評価の場合とに分かれます。

固定資産税評価額がゼロだからといって、相続・贈与の評価もゼロになるとは限りません。まずは、相続・贈与時の現地の利用状況をきちんと確認することからはじめてみてください。

6-5 倍率地域で宅地比準方式を採用する場合の単価

 倍率地域の雑種地を宅地比準方式で評価する場合、近傍標準宅地の単価はどのように調べればよいのでしょうか？

A 近傍標準宅地の単価は以下のいずれかでわかります。

①固定資産税評価証明書に「近傍宅地 ******円/㎡」と記載されている

②役所窓口で、評価証明書の余白に記載してもらう

③役所窓口で聞いて口頭で教えてもらう

④「全国地価マップ」で調べる

　①②③に関しては自治体によって対応が異なりますので、役所に問い合わせてみてください。④の「全国地価マップ」で調べる場合ですが、評価対象地の正面路線に固定資産税の路線価が付されていればそれを近傍標準宅地の単価として評価を進めます。

　固定資産税路線価が付されていなければ、評価対象地が属する状況類似地域内の赤丸印の標準宅地単価を近傍標準宅地の単価として評価を進めます。

　状況類似地域は「全国地価マップ」の左サイドバーの「状況類似地域（区）」のチェックボックスにチェックを入れれば地図が着色され判別できます。

Q 　倍率地域にある1,500㎡の別荘地の評価についての質問です。固定資産税の課税地目は登記簿と同じ「山林」ですが、役所に確認すると「地域一体が開発されて分譲された別荘地なので宅地で評価しています」との回答でした。

　倍率表では宅地の倍率が1.1倍なので、固定資産税評価額に1.1を乗じて評価額としても問題ないでしょうか？

A 　別荘地の固定資産税評価額は自治体によって算出の仕方が異なっていますので、まず、役所窓口にて評価額の計算内容について確認することをお勧めします。

　具体的には、建物が建っている場合と建っていない場合でしんしゃく割合や宅地造成費の控除額等が異なる場合があります。また建物敷地部分とそうでない部分を分けて、異なる単価で分離課税している場合もあります。

　ご相談の土地のように、課税地目が「雑種地」や「山林」の場合であっても、宅地と同じ水準で評価されていることがわかれば、宅地の倍率1.1を乗じて評価額とすればよいでしょう。

　しかし、課税地目が「雑種地」や「山林」の場合で、宅地と同水準で評価されていても、財産評価基本通達の規定と異なるしんしゃくや宅地造成費が控除されていることがわかれば、

　［（近傍標準宅地単価×宅地の倍率×各種画地調整率−宅地造成費）×地積］
という計算式で評価することになります。

別荘地の評価方針に迷ったらまずは役所窓口で計算根拠を開示してもらうようにして、最終的には時価よりも高い評価額にならないようにしてください。

6-7	雑種地の固定資産税評価額に宅地の倍率を乗じ評価してもよいか

 評価対象地は倍率地域にある青空駐車場です。住宅街にあり、固定資産税評価額は宅地と同じ水準です。

このような場合、評価地目は雑種地ですが、宅地の倍率を乗じて計算してもよいのでしょうか？

A 結論からいいますと、雑種地であっても宅地水準の評価額であれば、宅地の倍率を乗じてもよいと考えます。

ただし、固定資産税の課税地目が雑種地の場合は、

①宅地とは異なる雑種地としての評価額

②雑種地だが周辺の状況から宅地と同等（宅地類似雑種地）とみなされた評価額

の2パターンがあります。

したがって、①の場合は、「近傍宅地㎡当りの価額×宅地の倍率×各種画地調整率×（1－しんしゃく割合）×地積」となり、②の場合は「雑種地の評価額×宅地の倍率」でよいことになります。

①②どちらのパターンかの判断ですが、まずは、評価対象地の固定資産税評価額の単価と近傍標準宅地の単価を比較して、同一の単価であれば間違いなく②と判断できます。

単価が異なる場合は、補正率の数値から減価要因をある程度推定できますが、わからない場合は役所の固定資産税の窓口で計算過程と減価要因を開示してもらって判断することになります。

固定資産税が宅地以外の地目で課税されていても課税明細書や評価証

明書の備考欄、余白に「宅地類似」「宅地並み」「宅地課税」といった文字が記載されていれば「宅地ではありませんが宅地と同水準の評価額ですよ」というサインなので評価額の算出根拠がわかります。宅地の倍率は宅地の評価額に乗じるのが原則ではありますが、雑種地としての評価額であっても宅地の倍率を乗じてもよいと考えられる場合もあります。

　なお、市街化調整区域内の雑種地の固定資産税評価額に宅地の倍率を乗じて否認された国税不服審判所裁決例（平成16年3月31日裁決）もありますので、固定資産税評価額自体をよく検証して評価方針を決定してください。

　　請求人らは、倍率地域にある地目が雑種地の本件丙土地の相続税評価額は、固定資産税評価額に評価基準書に定める宅地の倍率1．1を乗じ算出すべきと主張するが、評価基準書に定める倍率は、固定資産税評価額が地目により差異があるので、それぞれの地目に応じた適正な価額を算出するために定めているのであって、雑種地を宅地に準ずる土地として評価する場合には、雑種地が宅地であるとした場合の価額に宅地の倍率を乗じて評価するのが相当である。また、請求人らは、財産評価基本通達82の「位置、形状等の条件の差を考慮して」とは、単に、財産評価基本通達27−5を適用すればよいのではなく、雑種地であることの諸条件を考慮して評価すべきであるという趣旨であると主張するが、評価すべき土地は個別的要因を有しているのであり、比準土地との差異が、都市計画法上の建築可能な建物の用途制限のみを原因とするならば、このことを評価すべき土地の差異として考慮すれば足りるのであるから、抽象的な諸条件をもって考慮すべきとする請求人らの主張には理由がない。（平16.3.31東裁（諸）平15-258）

（出所：国税不服審判所裁決要旨検索システム）

Q 　評価対象地は川沿いの河川区域内にある資材置き場です。倍率地域ですが、固定資産税は非課税なので評価額がありません。このような場合どのように評価すればよいのでしょうか？

A 　まず、河川区域について解説します。河川区域は河川を管理するために必要な区域で、基本的には堤防と堤防に挟まれた間の区間をいい、河川法という法律で規定されています。河川区域内における土地の占用、工作物の新築等については、河川管理者の許可が必要となります。許可が必要といっても、河川敷を公園やグラウンドとして利用する場合や個人住宅の入口などやむを得ない場合を除いて基本的には許可されません。建物を含む工作物が建築（設置）できませんので、資材置き場などで使われるケースが多くみられ、実質的に建築不可のエリアといえます。

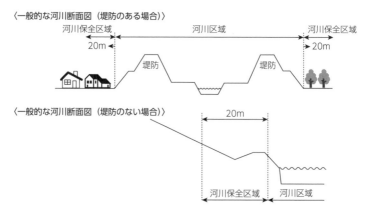

〈一般的な河川断面図（堤防のある場合）〉
河川保全区域　　河川区域　　河川保全区域
20m　　　　　　　　　　　　　20m
堤防　　堤防

〈一般的な河川断面図（堤防のない場合）〉
20m
河川保全区域　河川区域

（出典）上図：国土交通省 四国地方整備局 高知河川国道事務所ＨＰ
　　　　下図：岡山県ＨＰより

河川区域内にある評価対象地が倍率地域にある場合で、固定資産税が非課税の場合は評価額がありませんので、近傍標準宅地単価からスタートして評価しなければなりません。

　さらに河川区域内の土地は実質的に建築不可の土地なので減額します。家屋の建築が全くできない場合は、「100分の50又はその区分地上権に準ずる地役権（ち えき）が借地権であるとした場合にその承役地（しょうえき ち）に適用される借地権割合のいずれか高い割合（財産評価基本通達27-5（1）準用）」をしんしゃくして評価します。

　具体的な計算式は「近傍標準宅地単価×宅地の倍率×普通住宅地区の各種画地調整率×（1－しんしゃく割合）×地積」が基本となります。

　なお、現地には次のような立て看板がある場合もありますので、現地調査の際に見かけたら写真を撮っておき、後で役所に問い合わせるなどして建築の可否を確認し、評価時のしんしゃく割合を判断するようにしましょう。

6-9	倍率地域で固定資産税の課税地目が畑、 現況地目が原野の場合

Q 　現況地目は原野ですが、固定資産税の課税地目は畑です。原野として評価するために市役所に問い合わせましたが、原野の単価は教えてもらえませんでした。このような場合、原野の単価はどのようにして調べればよいでしょうか？

A 　ご存じの通り、「現況が原野であれば、原野の固定資産税評価額に原野の倍率をかける」というのが原則ではありますが、役所では、宅地以外の地目の単価はほとんどの場合、教えてもらえません。

このような場合は、

①相続財産の中に原野がある場合はその単価を使う

②現況地目とは異なるが畑の固定資産税評価額に畑（農地）の倍率を乗じて評価額とする

のどちらかで対応せざるを得ないでしょう。

畑が長期間放置されて大木が育ち原野のようになった場合、現況地目は原野ですが、原野の単価がわからない場合は、②で対応するしかないと思います。

また、現況地目は「原野のように見えるが雑種地」という判断ができる場合もあるかもしれません。その場合、雑種地の評価方針は「比準方式」なので、周辺の状況に応じて農地比準、宅地比準、山林比準等で対応する、ということになります。

マイナス評価になるのであれば純山林または純農地としての評価となるかもしれません。原野としての評価だけでなく純山林や純農地としての評価も視野に入れて検討してみてください。

税理士を
悩ませる 「無道路地」

7-1 　無道路地の定義

Q 　下図のような土地は接道義務を満たしていないので、無道路地だと思うのですが、国税庁HPのタックスアンサーに「他人の土地に囲まれていても、その他人の土地に通行の用に供する権利を設定している場合は、無道路地になりません。」とあるので悩んでいます。このような土地は無道路地で評価してよいのでしょうか？

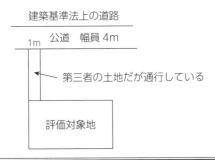

A 　無道路地の定義については、財産評価基本通達20-3（注1）に「無道路地とは、道路に接しない宅地（接道義務を満たしていない宅地を含む。）をいう。」と記載があります。

　一方、国税庁HPのタックスアンサーNo.4620に以下のように記載があります。

「無道路地とは、一般に道路に接していない宅地をいいます。（中略）

なお、他人の土地に囲まれていても、その他人の土地に通行の用に供する権利を設定している場合は、無道路地になりません。」

（https://www.nta.go.jp/taxes/shiraberu/taxanswer/hyoka/4620.htm）

これらの記載からすれば、「接道義務を満たさない土地でも通行できる権利が設定されていれば無道路地ではない」と思ってしまいますが、結論からいいますと、この図のような土地は無道路地として評価すべきと考えます。

無道路地の価値を正しく評価額に反映させるにあたって、まず無道路地の定義を明確にしておく必要があります。無道路地というのは、財産評価基本通達に記載のとおり、「道路に接しない宅地（接道義務を満たしていない宅地を含む）」です。ここでは「通行できる権利」については言及されていません。それにもかかわらずタックスアンサーには、「通行できる権利が設定されていれば無道路地ではない」、と記載されています。

「通行できる権利の有無」と「接道義務を満たすかどうか」は、まったく別の話です。前者は民法の範疇であり、後者は建築基準法の範疇です。仮に、通行できる権利が設定されていても、接道義務を満たさない土地であるならば、無道路地として評価するのが妥当と考えます。なぜなら、通行権の設定の有無にかかわらず接道義務を満たさない土地は新築や建て替えができませんので市場では無道路地として捉えられ、それ相応に減価された価格で取引されるからです。なお、固定資産税評価額は通行できる権利が設定されていれば無道路地として評価されませんので、前述のタックスアンサーの記載はこの固定資産税評価における無道路地と混乱しているように見受けられます。

少し頭の整理が必要かもしれませんが、結論として「仮に通行できる権利が設定されていても、接道義務を満たさない土地なら、その土地は無道路地」という理解でけっこうです。

　タックスアンサーの記述に惑わされずに、今後も「接道義務を満たすか」を役所調査できっちり明らかにして評価方針を立ててください。

Q 　評価対象地は倍率地域かつ市街化調整区域にある無道路地です。相続時点で、評価対象地は県道に接している隣地と一体でコンビニエンスストアの敷地及び来客用の駐車場として使われています（店舗建物は隣地にあり、評価対象地は駐車場）。

　このような状況で、評価対象地の固定資産税評価額は県道に接している隣地の単価で評価されており、無道路地であることや単独地の場合は建物建築不可、といったことが減価要因としてまったく考慮されておらず、非常に高いと感じます。

　評価対象地を宅地の倍率を乗じて評価するのは納得がいきませんので、何か別の評価方法はありませんか？また、市のこのような固定資産税評価額の計算は正しいのでしょうか？

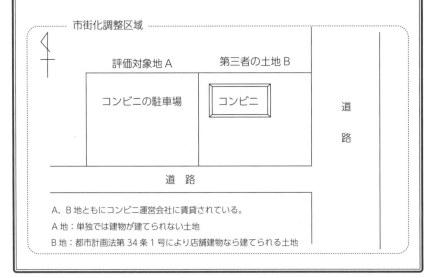

A 評価単位が争点といえますが、市役所から回答された固定資産税評価額算出の過程に関しては固定資産評価基準にのっとっており、誤りはありません。

　つまり固定資産税の評価では、土地の賃貸借等に関係なく、一体で利用されていれば一体地で評価され筆ごとの単価が同一となります。したがって、固定資産税評価額が時価よりも異常に高い場合が生じます。

　一方、財産評価基本通達に従った評価では、他人地と一体で評価するのは「借りている」場合です（自己所有地に隣接する無道路地を相続・贈与で取得する場合なども一体評価です）。今回のように店舗来客用駐車場として「貸している」場合は、相続財産部分のみ単独で評価することになります。このとき、無道路地となるのであれば、無道路地の評価をします。

　ここで固定資産税評価額と相続税評価額との乖離が気になるところですが、倍率地域に存する土地を評価する場合、固定資産税評価額に財産評価基本通達に規定されている減価が織り込まれていなければ相続税評価額では、織り込んで評価しなければなりません。

　評価対象地Aの固定資産税評価額は県道に接しているものとして計算されています。したがって、財産評価基本通達に従った評価では、この固定資産税評価額は使わずに、南側道路の固定資産税路線価もしくは県道は背後の状況類似地区内の近傍標準宅地単価を使って計算をスタートさせます。普通住宅地区の各種画地調整率を適用し、さらに市街化調整区域内の雑種地における建築不可のしんしゃく割合50％も適用して適正に評価してください。

　しかるべき減価要因が織り込まれていない固定資産税評価額は日常茶飯事です。一般的にはそれほど大きな差額でないことが多いのですが、

今回ご相談のケースは、たまたまその差額が大きいといえます。

　ただし、税務署との見解の相違につながる可能性もありますので、申告にあたっては、評価額算出の経緯を評価明細書や計算式だけでなく、言葉、文章できっちりと別紙に説明しておくことが望ましいといえます。

接道義務を満たさないが建築基準法第43条2項の許可は得られそうな土地の評価

Q 　評価対象地は建築基準法上の道路には接していませんが建築基準法第43条2項の許可（旧1項但し書きの許可）を得て、既存の建物の建て替えはできそうです。

　このような場合、建築基準法上の道路には接していない、ということで無道路地評価するのでしょうか？

A 　建築基準法上の道路に接していなくても、建築基準法第43条2項の許可を得て、既存の建物の建て替えができるのであれば、無道路地として扱いません。

　必ず、役所窓口またはホームページで建築基準法第43条2項許可・認定要件を確認してください。同法43条2項の許可が得られる可能性が高ければ、通常評価となります。路線価が付されていればその路線を正面路線として評価し、路線価が付されていなければ特定路線価の申請が原則となります。接道義務を満たさない土地であっても最終的にはその評価対象地において新築や建て替えが可能かどうかを調査して判断してください。

Q 評価対象地は図のように位置指定道路（建築基準法第42条1項5号）に1m＋1mで合計2mに接していますが、評価対象地の角と角の直線は1.41mです。このような場合、接道義務を満たしているといえますか？

また評価上の間口距離は2mと1.41mのどちらでしょうか？

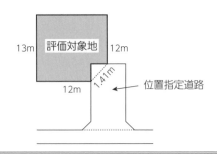

A 結論からいいますと、この場合、評価対象地は接道義務を満たしているとはいえません。よって無道路地となります。

評価対象地は確かに建築基準法上の道路に2m接していますが、建築基準法上の有効寸法は1.41m、つまり2m未満の接道となりますので評価対象地は接道義務を満たさない無道路地となります。

評価上の間口距離は、実際の接道距離と想定整形地間口距離の短い方が間口距離として採用されますので、想定整形地間口距離13m＞実際の接道距離2mとなり、2mが採用される間口距離となります。

しかし、評価対象地は無道路地なので1.41mと間口距離とすべきと考えます。

理由は以下のとおりです。

国税庁HP質疑応答事例「間口距離の求め方」

(https://www.nta.go.jp/law/shitsugi/hyoka/03/08.htm)

の「C」の例では、図のように「Cの場合はbによりますが、aによっても差し支えありません。」とされています。

A、B図省略

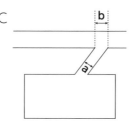

したがって、間口距離を2mとするよりも1.41mとする方が評価上有利となる（低くなる）ようであれば1.41mを採用する方がよいと考えます。

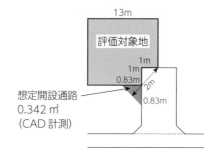

また、次図のような土地も建築基準法上の道路に2m接していますが、接道義務を満たしていませんので、無道路地となります。ご注意ください。

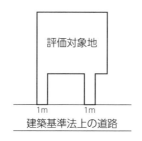

なお、無道路地として評価する際の想定開設通路は直径2mの球体を想像し、道路から対象地へ入るときに2m幅を確保することを前提に設定してください（図をご参照ください）。

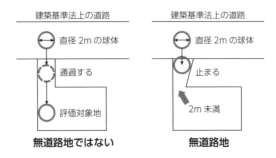

税理士を悩ませる 「側方路線・裏面路線影響加算・正面路線の判定」

8-1 建築基準法上の道路ではない側方路線の影響加算はすべきか

Q　評価対象地は角地ですが、正面路線は2項道路（建築基準法第42条2項）で、側方路線は建築基準法上の道路ではありません。この場合、側方路線の路線価は考慮せずに評価してよろしいのでしょうか？

評価対象地

135 D

建築基準法上の道路ではない

正面路線　150 D

2項道路

A　ご質問のようなケースでは、付されている路線価に何の疑問も抱かず、また建築基準法上の道路か否かを調べずに、側方路線影響加算をして計算する方が大半でしょう。

　もちろん角地の正面路線と側方路線にそれぞれ路線価が付されていれば、側方路線影響加算をするのが原則ではあります。

　しかし、建築基準法上の道路に指定されていない道路は、

・幅が極端に狭い

・路面が舗装されていない

・行き止まりである　等

　条件が劣っている場合が多く見受けられます。それにもかかわらず付されている路線価は周辺道路の路線価よりやや低い程度で大差ない場合もあります。

　そこで、側方路線が建築基準法上の道路でない場合に側方路線影響加算をすべきかが議論となります。建築基準法上の道路でない点を含め特段の事情があれば側方路線影響加算をしないことも認められます。

　そして、角地の側方路線が建築基準法上の道路でない場合、側方路線影響加算を行うかどうかは、側方路線が評価対象地の価値を上げるような状況にあるかどうかが判断のポイントとなります。つまり、現実の利用状況の他、幅員、路面状況、通り抜けの可否、高低差等に鑑み総合的に判断します。

　建築基準法上の道路でないからといって一律に加算しないと判断するのではなく、その側方路線が「その土地の価値を上げるように存在し、その土地の価値を上げるような使われ方をしているか」で判断すべきと考えます。

　なお、加算する場合は何の説明も必要ありませんが、加算しない場合はしっかり説明しておかないと税務署に「加算漏れ」と指摘される可能性がありますのでご注意ください。

8-2　側方路線が位置指定道路の場合の影響加算

Q　評価対象地は宅地です。側方路線価が位置指定道路（建築基準法第42条1項5項）で路線価180ですが、図のように評価対象地と位置指定道路との間に細長い筆が介在しています。現地で確認する限り接している状態ですが、側方路線影響加算すべきでしょうか？

評価対象地と位置指定道路との間に細長い筆が介在している

A　まず、評価対象地が位置指定道路に接する場合は、必ず役所の窓口（建築指導課など）で「道路位置指定申請図」を閲覧し、評価対象地との法的な位置関係を図面上で確認してください。

　ご相談のケースでは、道路位置指定申請図で確認すると、細長い筆は位置指定されている道路の範囲からは外れているようです。

　つまり、細長い筆はただの「隣地」であって「道路」ではない、単なる帯状の雑種地ということです。

　よって「評価対象地は法的には位置指定道路に接していない」ということになり、「角地」ではない、ということになりますので、側方路線影響加算はすべきではありません。

もちろん細い筆が介在しておらず評価対象地に位置指定道路の筆が接している場合もあります。この場合は当然側方路線影響加算すべきです。

　今回のご相談のような細長い筆が評価対象地との間に介在しているケースは比較的よく見受けられます。公図や所有者を確認し、さらに役所調査を必ず行って加算すべきかどうかを判断するようにしてください。

> **Q** 評価対象地は路線価地域にある角地ですが、路線価は一方にしか付されていません。二方とも建築基準法上の道路なのですが、このような場合、角地加算（側方路線影響加算）はしなくてよいでしょうか？それとも路線価が付されていない方の道路には特定路線価を申請して側方路線影響加算をするのでしょうか？

A 結論からいいますと、この場合は、側方路線影響加算をせずに、角地ではない中間画地（一方のみ道路に接している土地）として評価します。

　二方とも建築基準法上の道路である角地は、市場相場としては「角地」としての価値があり、中間画地よりも5%〜10%程度高くなるのが通常ですが、路線価が一方にしか付されていない場合は、中間画地として評価することになります。

　なお、特定路線価は「路線価の設定されていない道路のみに接している宅地を評価する必要がある場合」に設定できるとされています（財産評価基本通達14-3）。

　路線価の付されていない道路が、建築基準法上の道路であれば設定してもらうのが原則ですが、ご質問の評価対象地のように、路線価が付されている道路に接しているのであれば、設定（申請）できません。

8-4 倍率地域の角地の評価

Q 倍率地域にある地積規模の大きな宅地に該当する角地ですが、固定資産税評価額は、規模が大きいことが反映されていません。

この場合、近傍標準宅地の単価から評価を進めていくことになると思いますが、規模格差補正率は乗じて減価するとしても側方路線影響加算をすべきでしょうか？

A 明確な規定はありませんが、財産評価基本通達20-2、21-2を読むと側方路線加算等の加算もすべきと解されます。20-2に「15《奥行価格補正》から前項までの定めにより計算した価額に、その宅地の地積の規模に応じ、次の算式により求めた規模格差補正率を乗じて計算した価額によって評価する。」と記載があります。

平成30年の財産評価基本通達改正により、通達21-2の「ただし、」以降の文言が追記され、「かつ、その宅地が14-2《地区》に定める普通住宅地区に所在するものとして20-2の定めに準じて計算した価額を……」と明記されましたので、平成30年1月1日以降の課税分の固定資産税路線価のある地域については、側方路線影響加算等の画地調整もすべきと考えます。

また、都市郊外、地方圏の1㎡当たりの単価が相対的に低いエリアでは、角地と非角地との間に価格差がほとんどない場合もあります。したがって、固定資産税路線価のない地域については、側方路線影響加算等しない方が妥当と判断される場合もありますのでケースバイケースで判断してください。

> **Q**
>
> 評価対象地は角地です。路線価は100,000円/㎡と95,000円/㎡です。
>
> 両路線とも奥行価格補正率は1.0なので、通常は高い方の
> 100,000円/㎡が正面となりますが、この100,000円/㎡の道路と評価対象地
> の間には、ブロック塀があり出入りに使っていない状況です。特に高低差や水
> 路があるわけではないのですが、ブロック塀でふさいで出入りできないよう
> になっています。
>
> このような場合、実際に出入りに使っている95,000円/㎡の道路を正面路線と
> しても差し支えないのでしょうか？

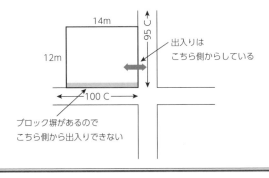

A 結論からいいますと、ご質問の場合は、正面路線は100,000円/㎡の道路
となります。

高低差や水路があれば話は別ですが、それらがなく、土地所有者が自らブロッ
ク塀を設置し、「使えるのに使っていないだけ」という状態だと思われます。

したがって、現実に出入りはしておらずとも、使おうと思えばいつでも使え
る道の路線価が高いのであればその道が正面路線となります。なお側方路線や裏
面路線も「使えるのに使っていないだけ」という状態であれば影響加算はします。

> ## Q
> 　　1筆の評価対象地に自宅とアパートが建っています。南
> 側道路は2項道路（建築基準法第42条2項）で120の路
> 線価が付されています。東側道路は建築基準法上の道路ではない
> が、110の路線価が付されています。図のようにアパート敷地の正
> 面路線は南側の120で問題ないと思いますが、自宅敷地の正面路線
> は南側道路の120か東側道路の110かどちらでしょうか？

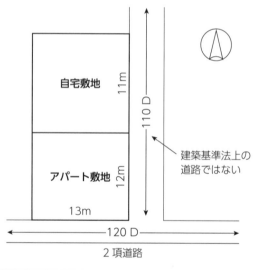

A
ご質問のケースは、「自宅敷地単独で建物の建築が可能か」で判
断する必要があります。

　東側道路が建築基準法上の道路ではなくとも、建築基準法第43条2項
の許可・認定要件を満たすのであれば建築可能となります。その場合、
正面路線は東側道路となります。また、自宅敷地単独では建築不可とい

うことであれば、無道路地なので、無道路地としての時価よりも高い東側の路線価は採用せず、正面路線は南側道路とするのが妥当と考えます。ただしアパート敷地部分が被相続人所有なので無道路地の評価はしません（無道路地の計算欄は空欄ということ）。

　なお、アパート敷地を評価する際、東側道路の側方路線影響加算するかどうかは、側方路線が評価対象地の価値を上げるような状況にあるかどうかが判断のポイントとなります。つまり、側方路線が建築基準法上の道路でない場合は、現実の利用状況の他、幅員、路面状況、通り抜けの可否、高低差等に鑑み総合的に判断します。建築基準法上の道路でないからといって一律に加算しないと判断するのではなく、その側方路線が「その土地の価値を上げるように存在し、その土地の価値を上げるような使われ方をしているか」で判断すべきと考えます。なお、加算する場合は何の説明も必要ありませんが、加算しない場合はしっかり説明しておかないと税務署に「加算漏れ」と指摘される可能性がありますのでご注意ください。「8-1 建築基準法上の道路ではない側方路線の影響加算はすべきか」も参照してください。

9 税理士を悩ませる「山林の評価」

9-1 マイナス評価になる高圧線下の市街地山林

Q 　市街化区域にある未利用の傾斜地で、上空に高圧線が通っています。

　宅地比準方式で評価すると、傾斜地の宅地造成費控除後にマイナス（負の値）になってしまいます（路線価37,000円/㎡に対し、15度超20度以下の宅地造成費46,400円/㎡）。

　このような場合、純山林で評価すればよいと思いますが、高圧線下地である減価はどのように考えればよいでしょうか？

A 　ご質問のように宅地比準方式で計算してマイナスになる傾斜地は純山林として評価します。

　高圧送電線下地で建築制限がある場合は、建物を建てる際、つまり「宅地」として利用する際の制限を減価として評価に反映させます。つまり、高圧送電線下地の減価は「宅地」を前提とした評価の時の減価ということです。具体的には自用地価額から区分地上権に準ずる地役権の価額を控除するということでの減価となります。

　これに対し純山林として評価する場合は宅地として利用されることを前提としていません。純原野、純農地も同様です。宅地を前提とした評価でマイナスになるので宅地としてではなく山林として評価する、とい

うことです。

　したがって、純山林（純原野、純農地）で評価する場合の高圧線による建築制限は減価要因にはなりません。

　なお、ご質問の土地は市街化区域内の山林ですが、市街化調整区域内の山林について、高圧送電線下地の減価はすべきでない旨の国税不服審判所裁決例（平成10年9月30日裁決）もありますので、参考にしてください。

　　請求人は、市街化調整区域内に所在する山林の評価に当たり、高圧線下の部分については、評価基本通達の定めに従って、価額を50パーセント減額すべきである旨主張する。しかしながら、本件各契約は高圧線の架設を目的としたものであり、山林としての利用に何ら制約を受けるものではないこと、高圧線下部分には建造物の建築ができない契約になっているものの、契約内容の変更は可能であり、その場合、建造物の高さにかかる制約はあるが、本件各土地が市街化調整区域内に所在することから、もともと建造物の建築は制限されている土地であることが認められる。そうすると、高架線下にあることによる影響は皆無とはいえないものの、本件各土地の評価に当たり、なおこれをしんしゃくすべき特段の理由は認められない。（平10.9.30関裁（諸）平10-26 裁決事例集 No.56・369ページ）

　　　　　　　　　　　　　（出所：国税不服審判所裁決要旨検索システム）

> **Q** 市街地山林を宅地比準方式で評価するとマイナスになるので、純山林評価しようと思いますが、その純山林の単価はどのように調べたらよいですか？

A 市街地山林や路線価地域にある傾斜地を宅地比準方式にて評価するとマイナス（負の値）になる場合は、純山林として評価することになります。

評価額算出にあたって、純山林価額の単価を調べる必要がありますが、これは管轄税務署に電話で聞けば通常は教えてくれます。

しかし、この規定自体をよく知らない税務署は電話どころか出向いて聞いても「教えられない」「そのような情報はない」という対応のところもあるようです。教えてもらえる場合、評価対象地に最も近い純山林の単価は管轄税務署に評価対象地の所在地及び純山林評価にて申告する予定である旨を伝えた後、「評価対象地に最も近い令和＊＊年分の純山林の単価、比準元の山林の場所」をお尋ねください。

教えてもらえない場合は、相続財産の中に純山林があればその単価を採用すればよいでしょう。

相続財産の中に純山林がない場合は、役所の固定資産税の窓口で、近傍山林の単価を教えてもらい、評価対象地の所在地域の山林の倍率を乗じて純山林の単価として採用すればよいでしょう。ただし、金額がかなり低くなりますし、経験のない税務署から問い合わせがくる可能性もありますので、その心づもりはしておいた方がよいかもしれません。

10 税理士を悩ませる 「役所調査」

10-1 しんしゃく割合判定のための役所調査

Q 市街化調整区域内の土地のしんしゃく割合を判断するために役所窓口でヒアリングしたのですが、担当者ははっきりしたことを言ってくれませんでした。結局、建物が建てられるのかよくわかりません。しんしゃく割合を判断できる情報を得るには、どのように調査すればよいのでしょうか？

A 役所窓口の担当者もトラブルを避けるため、開発許可が得られるか、建築可能か、といったことは決して断言しません。

特に市街化調整区域は、原則として開発行為はできない区域、建築できない区域であるため、開発、建築に関しては個別具体的に資料を精査してから判断せざるを得ません。したがって、窓口担当者に「白黒はっきりさせたいなら書類をそろえて開発許可申請してください」と言われてしまい、あいまいなまま引き下がる方が多いようです。

評価対象地に具体的な開発計画があるわけではなく評価のために調査しているだけなので、開発許可の申請を提出することはできません。

その点を窓口担当者にも理解してもらった上で、いわゆる『ここだけの話』として担当者から有益な回答を引き出します。

例えばこのようなフレーズです。

「過去の経験からこのようなケースはありませんでしたか」

「過去にこのようなケースで許可がおりた例はご記憶にありませんか」

「他の担当者の方から似たような話を聞いたことはありませんか」

「こう言っただろう、などと後から〇〇さん（窓口担当者）を困らせるようなことは言いませんので」

「断言はできないと思いますが、可能性としてはありそうですか」

「ご経験から可能性は高そうな感じがしますか」

「判断するために何かもらえる資料はありませんか」

「あくまでも仮定の話で結構ですが、この土地が線引き前からの宅地だったと仮定した場合、戸建住宅は建てられそうですか」

このように窓口担当者にプレッシャーを与えない聞き方が望ましいといえます。かしこまった感じではなく、フレンドリーに世間話でもしているような雰囲気で会話すると、相談窓口担当者も本音を漏らすことがあります。

最近はトラブル防止のためか、市街化調整区域の窓口はメイン1人、サブ1人と2人体制で質問に答えてくれる役所も増えています。サブの担当者も巻き込んで3人でいろいろ会話していると、内部資料をコピーして渡してくれたり、可能性が高いか低いかを判断できる情報をくれたりすることもあります。

しんしゃく割合を判断するのは、評価する我々自身です。役所に判断してもらうのではなく、判断するための情報を役所から得る、というスタンスで役所調査に臨んでください。

10-2 市街化調整区域内の宅地の役所調査

Q 評価対象地が市街化調整区域にある宅地なのですが、評価するにあたって、どのような順序で役所調査すればよいでしょうか？

A まず、評価対象地の土地、建物の登記簿謄本（登記事項証明書）、公図、固定資産税関連資料、住宅地図は最低限の資料として持参します。そして都市計画課、まちづくり課などの都市計画法関連窓口に行って、「市街化調整区域の土地についてお聞きしたいのですが」と伝えます。

市街化調整区域担当の方が窓口に来てくれますので、持参した住宅地図を示しながら、「この土地を調べているのですが、市街化調整区域で、建物の建築は原則不可だと思いますが、ここの市は34条11号に基づく条例での指定区域はありますか？」と条例指定区域の有無を調べます。評価対象地が条例指定区域内にあれば、建築可能と判断できます。

条例指定区域外であれば、「この土地は、登記地目が宅地で、現在戸建住宅が建っていますが、過去に建てられた時の開発許可の内容を開発登録簿で調べられますか？その写しはもらえますか？」「有料になりますが」「けっこうです」などと会話しながら、過去にどのような許可を得て建物が建てられたのかを調べます。

そして、合法的に建築されたことがわかれば、「この建物の建て替えはできますか？建て替えする際の要件、条件はどのようなことですか？」建て替えの際の要件を確認します。建て替えできる場合で、評価

対象地が500㎡以上、1000㎡以上であれば地積規模の大きな宅地の評価の適用を視野に入れて、「建て替えできるということですが、この土地を第三者が購入して分割して道路を新設して分譲することは可能ですか？」と確認します。

そして、最後に「そのような建築にあたっての必要な要件がまとめられた資料はありますか？市のHPなどに掲載されていますか？」

と情報を入手し、調査をいったん終えます。

上記は、市街化調整区域の調査の色々なパターンのほんの一例ですが、基本的には「建築不可な地域であることはわかっているが、建築の可能性をさぐっている」「実際に建築の計画があるわけではなく、評価のために調査している」ということを伝えながら、窓口の方と会話してください。

そうすると役所窓口の方も「ああ、基本的なことは知ってるんだな」「評価のための調査なんですね」と理解してくれて、それなりにしっかりと対応してくれます。

「素人」と思われないようにして、評価にあたって判断できるような有効な情報を引き出すという意識で調査を行うようにしましょう。最終的に建物建築の可否は評価する我々自身で判断しなければなりません。

役所の方は「言った言わない」でトラブルを避けるため、窓口では、建築可否は明確に回答してくれません。食い下がって結論を出してもらおうとしつこく質問していると、「そんなに結論がほしいなら、図面描いて開発許可の申請をしてくれ」と言われてしまいます。したがって、判断するための情報、つまり「建築のための要件・条件を聞き出す」ということに注力してください。

市街化調整区域の土地の評価にあたっての調査は経験すればするほ

ど、効率的に、かつ質問も上手になります。まずは窓口に行って、市街化調整区域の担当者と会話してみてください。

10-3	現地で幅4mの道路が役所では2項道路と言われた場合の対処法

Q 現地で測った道の幅が4.0mだったのに、役所窓口では1項1号道路ではなく、「2項道路です」と言われました。このような場合、どのように対処すればよいでしょうか?

A まず、2項道路(建築基準法第42条2項)沿いの土地は建物を新築したり、建て替えしたりする際にセットバック(敷地の一部を道路として提供)しなければなりません。

道路沿いの土地の新築や建て替えが行われた箇所からセットバックが行われ順次道路が拡幅されます。道路の両側の土地のセットバックが完了すれば道路幅は4mになります。一方、新築や建て替えが行われていない土地の前面道路は4m未満のままです。つまり、新築、建て替えの時期が土地ごとに異なるため2項道路はセットバックが終わっているところと終わっていないところが混在している状態になります。

例えば、セットバックが終わっているところは4mだが終わっていない箇所は3.6m、などということになります。2項道路沿いの新築、建て替えが終わり、セットバックが完了して4mの道路になれば、そこでようやく建築基準法上の道路の種別は2項道路から建築基準法第42条1項1号道路に変更になることが多いようです。

したがって、評価対象地に接する道を現地で測ったら4mあっても、他の箇所でセットバックが完了しておらず4m未満の箇所があれば1項1号ではなく、2項道路と言われる場合があります。2項道路なのに幅が4mある、という箇所はセットバックが終わっている状態の可能性があ

りますので、窓口で「2項道路です」と言われたら、すかさず「現地では4mあったのですが」と切り返し、「セットバックが終わっているかどうかこちらの窓口で調べられますか」とさらに調査を進めるようにしてください。

　役所調査では窓口担当者との会話が重要です。会話によってより詳しい情報を引き出すように心がけてください。

> Q 評価対象地「10番2」と道路の間に細長い形状の評価対象地ではない土地「10番15」が介在しています。現地では地続きで接道しているように見えますが、役所ではどのようなことに注意して調査すればよいですか？

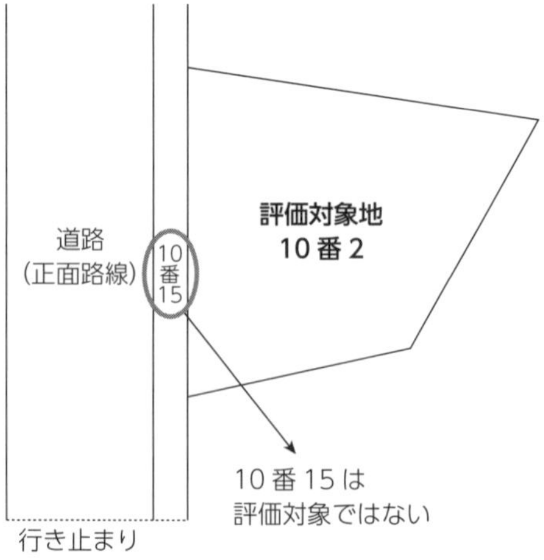

道路
（正面路線）

10
番
15

評価対象地
10 番 2

10 番 15 は
評価対象ではない

行き止まり

A 評価対象地と道路の間に10番15のような細長い形状の評価対象地ではない土地が介在している場合、役所調査では以下のように調査、確認します。

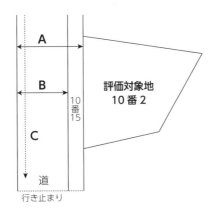

①公道の範囲は　**A**か**B**か

②建築基準法上の道路の範囲は　**A**か**B**か

③建築基準法上の道路はどこまでか（**C**）

　建築基準法上の道路の物理的な範囲は公道と一致する場合の方が多いですが、公道と建築基準法上の道路の範囲が一致しないこともあるので注意が必要です。

　例えば、公道の範囲は**A**、建築基準法上の道路の範囲は**B**ということもあります。この場合、「評価対象地は公道には接するが、建築基準法上の道路には接していない」ということになりますので、評価対象地は接道義務を満たしません。したがいまして、評価対象地は無道路地の可能性があることになります。

　ご相談の事例では、現地では地続きで接道しているように見えるということなので、役所での調査を行い、接道義務を満たすかどうかを確認する必要があります。これに対し、例えば次の写真のように道路と評価対象地との間に空間があれば道路に接しているのは橋の部分だけと気付くかもしれません。

　また、ご相談の「10番15」という細長い筆が「水」という表記の場合もあります。この場合も前述と同様に調査を進めますが、「元水路」「暗渠」の場合は水が流れておらず、ふたが被せられているケースもありますので、丁寧に①②③の調査をしてください。

　接道状況に関しては現地調査と役所調査をともに行った上で判断することがとても重要です。

11-1 特定路線価の設定を申請すべきかどうかの判断基準

Q 評価対象地に接する道に路線価が付されていません。特定路線価の設定を申請すべきでしょうか、それとも一番近い路線価を使って評価すべきでしょうか？

A 特定路線価は建築基準法上の道路であれば申請するのが原則です。まずは評価対象地が接する、その路線価の付されていない道路が建築基準法上の道路かどうかを役所で確認してください。

役所調査の結果、建築基準法上の道路であるとわかった場合は、特定路線価を申請するのが原則ですが、申請する前に特定路線価を想定し、評価額を試算してみます。

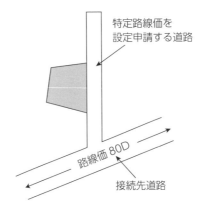

特定路線価を
設定申請する道路

路線価 80D

接続先道路

特定路線価は接続先道路の路線価の概ね8〜9割が一般的ですが、下記①〜④の方法で想定します。

①　相続税路線価：固定資産税路線価＝8：7の比率で計算

　　　　→接続先道路からの延長距離が長い場合や通り抜けできる場合

②　接続先道路の相続税路線価を固定資産税路線価比率で計算

　　　　→行き止まりの位置指定道路（建築基準法第42条1項5号）など

③　①と②の平均

④　付近の似たような道路も路線価をそのまま採用

　固定資産税路線価は「全国地価マップ」、役所窓口で確認し、評価対象地の周辺の状況、特定路線価を設定する道路の状況等に鑑みて①〜④のうちいずれが妥当かを個別判断することになります。

　そして、

A：特定路線価で評価した評価額

B：特定路線価を申請せずに、最も近い建築基準法上の道路の路線価を

　　正面路線として評価した評価額

　を比較して、Bが低くなるようでしたら、特定路線価を申請しない、という選択肢もあると思います。

　まずは、建築基準法上の道路かどうかを役所で確認するところからはじめて特定路線価を想定し、試算してみてください。

Q 位置指定道路（建築基準法第42条1項5号）である私道に特定路線価を設定してもらったのですが、この私道の持分を評価する際、特定路線価128,000円/㎡、接続先道路の路線価150,000円/㎡のどちらかを選択して評価することはできますか？宅地である評価対象地は特定路線価で評価しなければなりませんが、私道の場合はどうでしょうか？

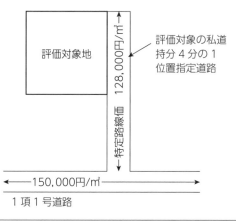

A 結論からいいますと、特定路線価128,000円/㎡、接続先道路の路線価150,000円/㎡のどちらかを選択できます。

国税庁HPのタックスアンサーに以下のような記載があります。

No.4622　私道の評価［令和3年9月1日現在法令等］
　私道には、①公共の用に供するもの、例えば、通抜け道路のように不特定多数の者の通行の用に供されている場合と、②専ら特定の者の通行の用に供するもの、例えば、袋小路のような場合があります。

私道のうち、①に該当するものは、その私道の価額は評価しないことになっています。②に該当する私道の価額は、その宅地が私道でないものとして路線価方式または倍率方式によって評価した価額の30パーセント相当額で評価します。この場合、倍率地域にある私道の固定資産税評価額が私道であることを考慮して付されている場合には、その宅地が私道でないものとして固定資産税評価額を評定し、その金額に倍率を乗じて評価した価額の30パーセント相当額で評価します。

(注1)　隣接する宅地への通路として専用利用している路地状敷地については、私道に含めず、隣接する宅地とともに1画地の宅地として評価します。

(注2)　路線価方式による場合の評価方法

　私道の価額は、原則として、正面路線価を基として次の算式によって評価しますが、その私道に設定された特定路線価を基に評価(特定路線価×0.3)しても差し支えありません。

（算式）

　　正面路線価×奥行価格補正率×間口狭小補正率×奥行長大補正率×0.3×地積＝私道の価額

　(注2) では、

・私道の評価の原則：「正面路線価×奥行価格補正率×間口狭小補正率×奥行長大補正率×0.3×地積」

・「特定路線価×0.3×地積」でも差し支えない

と記載がありますので、どちらか選択適用できることになります。

　したがって、試算してどちらかを採用すればよいでしょう。

11-3 特定路線価は設定できないと税務署に回答された場合

Q 　評価対象地は建築基準法上の道路に接していない無道路地です。出入りのために使っている一番近い道路に路線価が付されていなかったため、特定路線価を申請したところ、税務署に特定路線価はつけられない、一番近い路線価80,000円/㎡を使うようにと回答されました。

　路線価の付されていない道路は市道かつ建築基準法上の道路です。80,000円/㎡の路線は直接出入りには使っていないですし、80,000円/㎡で評価すると高くなります。どのように対処したらよいでしょうか？

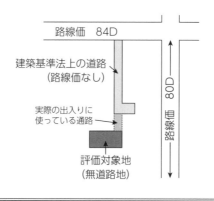

A 　特定路線価は建築基準法上の道路であれば、設定してもらえます。しかし、今回のように、設定してもらえない場合があります。

　今回の設定してもらえない理由は、財産評価基本通達14-3の「路線価地域内において、相続税、贈与税又は地価税の課税上、路線価の設定されていない道路のみに接している宅地を評価する必要がある場合には、

当該道路を路線とみなして当該宅地を評価するための路線価を納税義務者からの申出等に基づき設定することができる。」という規定の中の「路線価の設定されていない道路のみに接している宅地を評価する必要がある場合」という文言から、評価対象地は路線価の設定されていない道路に「接していない」から、特定路線価設定の対象外との見解のようです。

これは明らかに誤った認識といえましょう。無道路地の評価は、「実際に利用している路線の路線価に基づき」（財産評価基本通達20-3）計算します。

今回のように実際に利用している路線に路線価が付されておらず、その道路が建築基準法上の道路であれば、税務署は特定路線価を設定すべきです。実際に利用していない80,000円/㎡の路線の路線価に基づく評価は妥当な評価といえません。

また、80,000円/㎡の路線を正面路線とした場合、評価対象地と80,000円/㎡の路線との間には家が建て込んでいて想定開設通路が建物を通過するように設定せざるを得なくなり妥当ではありません。

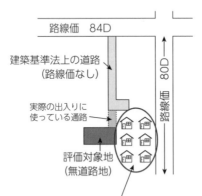

路線価　84D

建築基準法上の道路
（路線価なし）

路線価　80D

実際の出入りに
使っている通路

評価対象地
（無道路地）

評価対象地と80Dの道路との間には建物が建て込んでいて
このあたりの想定開設通路の設定は現実的ではない

84,000円/㎡の道路を正面路線とした評価額や時価（鑑定評価額）との比較も検証の上、特定路線価による評価が有利だと判断できれば、税務署に上記理由をしっかり説明して、特定路線価を設定してもらうように掛け合ってみてください。

12-1 高圧線の地役権が登記されていない場合の評価

Q 評価対象地の上空に高圧線が通過しているのですが、土地の登記簿の乙区には地役権の記載がありません。このような場合でも区分地上権に準ずる地役権の価額を控除して評価していいのでしょうか？

A 上空に高圧線が通過している場合、地役権が登記されている場合とされていない場合がありますが、登記の有無にかかわらず、建物の高さが制限されますので、いずれの場合も自用地価額から「区分地上権に準ずる地役権」の価額を控除して評価します。

　財産評価基本通達27-5に規定されている「区分地上権に準ずる地役権」とは、特別高圧架空電線の架設、高圧のガスを通ずる導管の敷設、飛行場の設置、建築物の建築その他の目的のため地下又は空間について上下の範囲を定めて設定された地役権で、建造物の設置を制限するものをいいます。登記されている場合とされていない場合がありますが、登記されている場合は乙区に「地役権」と記載されています。

　登記されていない場合であっても、土地の所有者は電力会社と「線下補償契約」を結び補償料を受領していますので、土地所有者にヒアリングして、高圧線の有無を確認できることもあります。

契約書や高圧線が土地のどこを通過しているかを示した図面、補償料の支払いの通知書等の書類を徴求し、内容を確認しましょう。なお、この契約は当事者間での債権契約ですので、登記されず、その内容は所有者と電力会社にしかわかりません。

　評価は以下のように「財産評価基本通達27-5」で減価規定されています。

(1)　家屋の建築が全くできない場合　100分の50又はその区分地上権に準ずる地役権が借地権であるとした場合にその承役地に適用される借地権割合のいずれか高い割合

(2)　家屋の構造、用途等に制限を受ける場合　100分の30

　なお、「建築不可」と乙区に記載があっても、電力会社にヒアリングすると「契約上は建築不可とさせてもらっていますが、内容の変更は可能です。具体的には高さ〇〇m以下の建物であれば建物は建ててもらってけっこうです」などと言われる場合があります。

　このような場合は、50％減ではなく、30％減で対応するのがよいでしょう。

Q 　評価対象地は２筆で合計530㎡の中間画地の駐車場です。390番１：500㎡、390番２：30㎡という内訳です。

登記地目は、390番１は宅地、390番２は雑種地です。

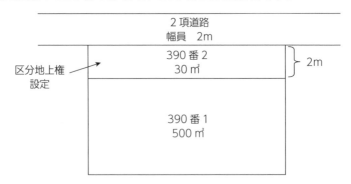

　390番２の市の下水道管設置のための区分地上権が設定されており、「地上権」として登記もされています。登記簿の乙区には「建物、工作物等の設置不可」と建築制限が記載されています。

　また、390番２は固定資産税が非課税となっています。どのように評価すればよいのでしょうか？

A 　まず、ご相談の土地の評価単位ですが、２筆が一体で利用されている状況であれば390番１、390番２は一体評価が妥当と考えます。

　さらに評価方針としまして、正面路線は２項道路（建築基準法第42条２項）なので、セットバックを計上します。そして、390番２のうちセットバック部分以外の区分地上権設定部分の価額を控除します。

　区分地上権の価額の割合は、財産評価基本通達27-4で規定されていま

すが、この規定では建物建築不可の場合の規定が明確ではありません。

　したがって、「財産評価基本通達27-5（1）家屋の建築が全くできない場合　100分の50又はその区分地上権に準ずる地役権が借地権であるとした場合にその承役地に適用される借地権割合のいずれか高い割合」を準用します。評価対象地の借地権割合は6割なので、5割＜6割により、6割とすればよいと考えます。

　具体的には、

　間口距離15ｍ×1ｍのセットバックで15㎡が7割評価減、

　390番2の残りの15㎡が6割評価減、

　となります。

　390番2の30㎡に地上権が設定されていますので、30㎡を区分地上権の6割減としたいところですが、セットバック部分と重複適用すべきではありませんので、減額の大きいセットバックを優先的に減価し、セットバック以外の部分をその後減額すべきと考えます。

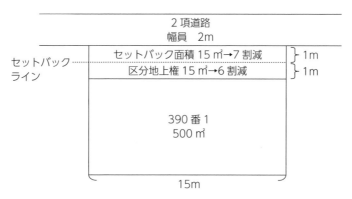

分譲マンションの敷地権が地上権の場合、通常の借地権割合で評価しても大丈夫でしょうか？

結論からいいますと、分譲マンションの敷地権が地上権の場合は、借地権割合で計算すればけっこうです。「借地権」についてですが、財産評価基本通達で定められている借地権は借地借家法に規定されている借地権であり、「建物の所有を目的とする地上権又は土地の賃借権」のことです。つまりご質問の「地上権」は借地権のひとつということです。賃借権は債権なので譲渡等に地主の承諾が必要ですが、地上権は物権なので譲渡等に地主の承諾は不要です。

財産評価基本通達では、地上権と土地の賃借権が区分けされておらずまとめて「借地権」として扱われています。権利の価値としては一般的に地上権の方が土地の賃借権より1割程度高い、とされていますが、相続の評価においてはその差は特に規定されていません。したがって、区分所有マンションの敷地権の評価にあたっては地上権、土地の賃借権どちらであっても定められている「借地権割合」で計算することになります。

なお、財産評価基本通達25（3）に「地上権の目的となっている宅地」の評価の記載がありますが、ここの「地上権」はそれが建物所有目的であれば借地権に該当しますので、「自用地価額−自用地価額×借地権割合」で算出することになります。

また、「区分地上権」は地下鉄トンネル等、「区分地上権に準ずる地役権」は高圧送電線（特別高圧架空電線）に関する権利です。区別して覚えておきましょう。

> **Q** 評価対象地は第三者の法人と５年契約している駐車場です。相続開始日時点では契約残期間は約２年半です。賃貸借契約書には「借地借家法の適用は受けない」と記載がありますが、「地上権に準ずる賃借権以外の賃借権」として権利の価額の控除は可能でしょうか？

A 結論からいいますと、自用地価額の2.5％の価額を控除可能です。「地上権に準ずる賃借権以外の賃借権」というのは、例えば駐車場や資材置き場等としての土地の賃貸借に伴う権利です。これは借地借家法の適用を受けません。

つまり、借地借家法の適用を受けない駐車場や資材置き場等としての土地の賃貸借の権利は「地上権に準ずる賃借権以外の賃借権」に該当するということです。よって評価時点での契約残期間に応じて「地上権に準ずる賃借権以外の賃借権」の価額の控除は可能です。

ちなみに、「地上権に準ずる賃借権」というのは、例えば携帯電話の電波塔のような建物ではない堅固な構築物の土地の賃貸借に伴う権利です。この場合も借地借家法の適用は受けません。なお、建物の所有を目的とする土地の賃借権は「借地権」です。

借地借家法の適用を受けるのは「建物」の有償での賃貸借です。無償での賃貸借である使用貸借は適用を受けません。またモデルルームや建て替え中の仮住まいなどの一時利用も適用を受けません。

賃借権の評価については財産評価基本通達87（1）に「地上権に準ず

る権利として評価することが相当と認められる賃借権」、87（2）に「（1）に掲げる賃借権以外の賃借権」の評価について記載がありますので一度ご確認ください。

Q 築40年くらいの分譲マンションの1室の評価について質問です。建物は被相続人名義ですが、土地は全く関係のない法人の名義で、通常の区分所有マンションのような「敷地権」の登記がありません。登記簿の乙区にも借地権（賃借権、地上権）の登記はありません。

このような区分所有マンションはどのように考えて評価すればよいのでしょうか？

A ご質問のマンションは土地の利用権（敷地利用権）が借地権のマンションと思われます。築40年くらいであれば、いわゆる旧法の賃借権でしょう。通常の分譲マンションのように、毎月、管理費、修繕積立金の他に、地代の支払いもあると思います。至極まれに地代が支払われていないケースもありますが、その場合は建物だけの評価となりますがこれはかなり特殊な例であり一般的ではありません。

土地の賃貸借契約書で、地代額及び土地の利用権の共有持分（準共有といいます）を確認してください。地代額及び支払い実績、準共有割合が確認できましたら、評価額計算は、「借地権の価額＋建物の価額」となります。借地権の価額は、「マンション敷地全体の自用地としての評価×準共有割合（敷地利用権の持分割合）×借地権割合」となります。

また、賃借権は必ず登記されているとは限りませんし、今回のように乙区に登記されていなくとも、賃貸借契約や地代の支払いがあれば、賃借権の価額は生じると考えるのが妥当です。

なお、敷地部分の評価においては、地積規模の大きな宅地に該当する可能性がありますので、必ず適用要件をチェックするようにしてください。

13 税理士を悩ませる「セットバック」

13-1 行き止まりの2項道路のセットバック

Q 評価対象地は行き止まりの2項道路（建築基準法第42条2項）に接していますが、一番奥（突き当り）に位置しています。この場合でもセットバックを要する土地として評価減するのでしょうか？

A 結論からいいますと、このような土地はセットバック不要です。2項道路は、「今は4m未満だが将来的に幅員を4mに広げる」という道路なので、「道路の奥行を長くする」ことは規定されていません。したがって、2項道路沿いの両サイドの土地はセットバックが必要ですが、行き止まりの一番奥に位置する土地は、2項道路に接してはいますが、セットバックは不要です。

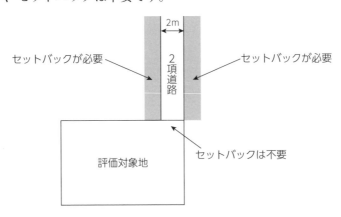

13-2 分筆されたセットバック部分の評価

Q 評価対象地は2項道路（建築基準法第42条2項）に接する宅地ですが、セットバック工事も終わっておりその部分は分筆されています。私物を置いたりせずに、アスファルト舗装されて完全に道路の一部になってはいますが、名義が被相続人のままです。

役所に聞いたところ、「セットバック工事には補助金が出ていますし、所有者の方からは無償使用の承諾ももらっています。名義は公告後にまとめて区への変更手続きをする予定です」と言われました。相続税申告の財産評価上は、その分筆部分は公衆用道路として「ゼロ評価」「評価しない」ということでよろしいでしょうか？

また、宅地部分の名義は相続登記で変更されますが、セットバックの分筆部分はそのままでよいのでしょうか？

A 結論からいいますと、分筆されたセットバック部分（道路後退部分）は不特定多数の者の通行の用に供されている状態なのでゼロ評価（評価しない）になります。所有者移管の手続きも進んでいるようなので、はじめから評価対象から除外しても問題ないレベルでしょう。

ただし、セットバック工事が終わっていても、例えば植木鉢、自転車、物置などを置いて建物敷地の一部のように使っているのであれば、分筆されていてもその部分はセットバック未了の扱いとなり自用地価額の3割で評価するのが妥当と思われますので注意してください。

名義に関しては、事務手続き上の話であり役所が行うはずですので、いずれ区の名義に変わると思います。

> **Q** 評価対象地に接道する道路が42条3項道路（建築基準法第42条3項）の場合、セットバックは必要ですか？評価上何か注意することはありますか？

A 42条3項道路はなかなか出合いませんが、高度商業エリアの狭い裏路地や保存すべき古くからの町並み沿いの道路などが42条3項道路に指定されていることがあります。道路の拡幅が物理的に難しい場合や歴史的な町並み保存のために拡幅を強制しない場合に指定されます。「土地の状況により将来的に拡張困難な2項道路の境界線の位置を中心線より1.35m以上2m未満に緩和した道で特定行政庁が指定したもの」と定義されます。なお、42条1項3号道路（建築基準法第42条1項3号）とは違いますのでご注意ください。42条3項道路については2項道路（建築基準法第42条2項）と比較するとわかりやすいと思います。

ともに4m未満の道路という点は共通していますが、2項道路が4mに拡幅されることを前提とした道路であるのに対し、3項道路は2.7m〜4m未満の現況のままの幅員を前提とした道路です。

2項道路が中心線から2mのセットバックが要求されるのに対し、3項道路は中心線からのセットバック距離は1.35m〜2mに緩和されています。「1.35m〜2mに緩和」というのはどういうことかといいますと、後退距離が一律に「2m」と決められておらず、自治体（建築指導課等）によって路線ごとに1.35m〜2mの範囲内で決められているということです。

例えば、道路中心線から1.35mが道路境界線とされている路線は幅員1.35m×2＝2.7m以上道路を広げなくてもよいという道路ということです。同様に中心線から1.8mが道路境界線とされている路線は幅員1.8m×2＝3.6mまで広げればよい道路ということです。

　したがって、3項道路のセットバックの要否及び中心線からのセットバック距離は役所窓口で確認する必要があります。確認後、評価対象地がセットバックを要する土地であった場合は、2項道路の場合と同様に、セットバック部分を3割評価します。

　例えば、現況幅員2.7mの42条3項道路の場合で、中心線から1.5mがみなし道路境界線という場合は、少なくとも3mの幅員にしてください、ということなので、セットバック距離は（3m－2.7m）÷2＝0.15mとなります。（2項道路の場合は（4m－2.7m）÷2＝0.65m）

〈後退距離が中心線から1.5mの42条3項道路の場合〉

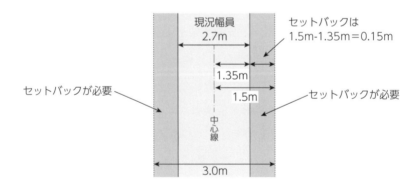

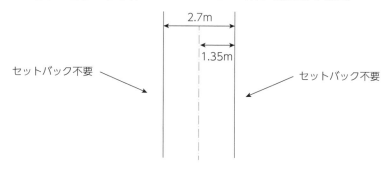

〈後退距離が中心線から1.35mの42条3項道路の場合〉

2.7m

1.35m

セットバック不要

セットバック不要

　4m未満の建築基準法上の道路だからセットバックは中心線から2m、と早合点せずにきっちり役所調査を行って評価に反映させるようにしてください。

> **Q** 　評価対象地は東側（正面）で1項1号道路（建築基準法第42条1項1号）に、西側（裏面）で2項道路（建築基準法第42条2項）に接する二方路地です。
>
> 　東側道路には路線価「55G」が付いていますが、西側の2項道路には路線価が付されていません。セットバックが必要な土地ではありますが、裏面路線には路線価が付されていないのでセットバック減価をしてよいのかが疑問です。この土地はセットバックの減価をみてよいのでしょうか？

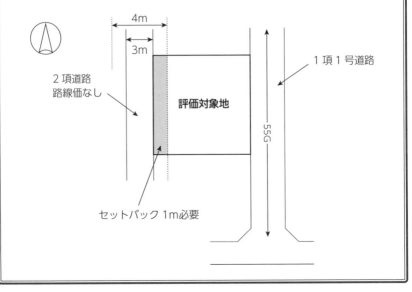

A 結論からいいますと、セットバック減価をみて評価してください。
　裏面路線は2項道路なので本来路線価が付されているべきです

が、付されていないので、裏面路線影響加算はしません。とはいえ、路線価の有無にかかわらず評価対象地はセットバックが必要な土地であることには間違いありません。

　したがって、評価対象地は二方路地ですが、評価上は中間画地（一方のみ道路に接している土地）として評価し、裏面路線のセットバック減価を考慮する、という評価になります。路線価が付されている道路しかセットバック減価できない、というわけではありませんのでご注意ください。

14-1	市街化調整区域内の宅地はしんしゃくできるのか

Q　市街化調整区域内の雑種地の評価はしんしゃく割合を判断しないといけませんが、「宅地」でもしんしゃくできるのでしょうか？

A　市街化調整区域内の「宅地」であっても、「雑種地」に対して行うしんしゃくを準用します。

　例えば、分家住宅の敷地は、評価地目は「宅地」ですが、分家住宅という「人」の属性を満たすことでしか「宅地」になりえない土地であるため、しんしゃく割合は30％になります。もちろん、固定資産税評価額にこの点が織り込まれていないことがしんしゃくする前提となりますが、固定資産税評価額は本家・分家にかかわらず、建物敷地は宅地として一律の単価で評価されることが一般的です。本家の敷地は誰でも「宅地」として使える場合が多いのですが、その場合はしんしゃくしません。一方、分家の敷地は人の属性を満たした人しか「宅地」として使えませんので30％のしんしゃくをすることになります。

　したがって、固定資産税評価額×宅地の倍率×（1 − 0.3）、または、近傍標準宅地単価×宅地の倍率×各種画地調整率（普通住宅地区として）×（1 − 0.3）で評価します。

なお、市街化調整区域内の住宅以外の用途の建物が建っていて、その用途の建物でしか今後もその土地を使えない、つまり例えば相続開始日に倉庫が建っていて今後建替える場合も倉庫しか建てられない、という場合もしんしゃく割合30％となります。

　また、原則建築不可の市街化調整区域内で、違法建築で建物が建っている「宅地」も要注意です。違法で「宅地」の状態が実現しているのであれば、建物のない「雑種地」が本来の姿ということで、しんしゃく5割と判断される場合もあります。（国税不服審判所平成16年3月31日裁決例参照）。

　　請求人らは、倍率地域にある地目が雑種地の本件丙土地の相続税評価額は、固定資産税評価額に評価基準書に定める宅地の倍率1.1を乗じ算出すべきと主張するが、評価基準書に定める倍率は、固定資産税評価額が地目により差異があるので、それぞれの地目に応じた適正な価額を算出するために定めているのであって、雑種地を宅地に準ずる土地として評価する場合には、雑種地が宅地であるとした場合の価額に宅地の倍率を乗じて評価するのが相当である。また、請求人らは、財産評価基本通達82の「位置、形状等の条件の差を考慮して」とは、単に、財産評価基本通達27－5を適用すればよいのではなく、雑種地であることの諸条件を考慮して評価すべきであるという趣旨であると主張するが、評価すべき土地は個別的要因を有しているのであり、比準土地との差異が、都市計画法上の建築可能な建物の用途制限のみを原因とするならば、このことを評価すべき土地の差異として考慮すれば足りるのであるから、抽象的な諸条件をもって考慮すべきとする請求人らの主張には理由がない。（平16.3.31 東裁（諸）平15-258、裁決事例集No.67・491ページ）

　　　　　　　　　　（出所：国税不服審判所裁決要旨検索システム）

15-1 土砂災害特別警戒区域内の土地の評価

 評価対象地が土砂災害特別警戒区域にあるのですが、減価はできますか？

財産評価基本通達の一部改正により、平成31年1月1日から土砂災害防止法に基づく土砂災害特別警戒区域内の宅地は評価減する規定が新設されました。

土砂災害特別警戒区域（レッドゾーン）は、土砂災害警戒区域（イエローゾーン）よりも建物建築のための開発行為や建物構造等に厳しい制限が設けられています。当然、市場価値は区域外の土地よりも下がります。

そこで以下のような減価規定が新設されました。

〈土砂災害特別警戒区域内にある宅地の評価〉

　20－6　土砂災害特別警戒区域内（土砂災害警戒区域等における土砂災害防止対策の推進に関する法律（平成12年法律第57号）第9条《土砂災害特別警戒区域》第1項に規定する土砂災害特別警戒区域の区域内をいう。以下同じ。）となる部分を有する宅地の価額は、その宅地のうちの土砂災害特別警戒区域内となる部分が土砂災害特別警戒区域内となる部分でないものとした場合の価額に、その宅地の総地積に対する土砂災害特別警戒区域内となる部分の地積の割合に応じて付表9「特別警戒区域補正率表」に定める補正率を乗じて計

算した価額によって評価する。

付表9　特別警戒区域補正率表

特別警戒区域の地積	補正率
総地積	
0.10以上	0.90
0.40以上	0.80
0.70以上	0.70

（注）　がけ地補正率の適用がある場合においては、この表により求めた補正率
　　　にがけ地補正率を乗じて得た数値を特別警戒区域補正率とする。ただし、
　　　その最小値は0.50とする。

　土地評価の実務においては役所調査が欠かせませんが、評価対象地が
市街地に中にあるがけ地や傾斜地である場合、必ず土砂災害特別警戒区
域内にあるかどうかを調べましょう。

　なお、土砂災害特別警戒区域（レッドゾーン）においては減価規定が
上記のように新設されましたが、土砂災害警戒区域（イエローゾーン）
については減価規定が設けられていません。土砂災害警戒区域内にある
土地の評価においては、今まで通り各種画地調整した後、利用価値が著
しく低下している宅地の10％減を使う、もしくは、財産評価基本通達
49（市街地山林の評価）のなお書き、「なお、その市街地山林について
宅地への転用が見込めないと認められる場合には、その山林の価額は、
近隣の純山林の価額に比準して評価する。」を適用し純山林として評価
する等、減価を検討するようにしましょう。

> **Q**　現地調査の時、評価対象地の隣の土地の擁壁に写真のようなプレートが埋め込まれているのに気付きました。何か調査することや減価できる可能性はありますか？

A　写真のプレートはいわゆる急傾斜地法に基づいて擁壁工事がなされた斜面に設置されているものです。このプレートがあるということは、この傾斜地付近は「急傾斜地崩壊危険区域」ということです。つまり、がけ地のあるエリアだと思われますので、評価対象地が「土砂災害特別警戒区域」いわゆる「レッドゾーン」に該当するかしないかを調査してください。

「レッドゾーン」に該当すれば、財産評価基本通達20-6「土砂災害特別警戒区域内にある宅地の評価」で減価できますので、都道府県のハザードマップ等を必ず確認してください。

ちなみに急傾斜地法は「自然を力ずくでねじ伏せよう」という昔の時

代のがけ地対策の法律で、急傾斜地崩壊危険区域を指定します。危険な
がけはコンクリートで固めてしまおう、という発想です。これに対し今
は、「土砂災害警戒区域等における土砂災害防止対策の推進に関する法
律」（以下土砂災害防止法）がメインであり、「自然にはかなわないから、
危険な状態になったら逃げよう」という発想になっており、この法律を
基に「土砂災害特別警戒区域」または「土砂災害警戒区域」が指定され
ています。

　財産評価基本通達20-6も土砂災害法をベースに減価規定が設けられ
ていますので、評価対象地が「急傾斜地崩壊危険区域」内にあれば、「土
砂災害特別警戒区域」または「土砂災害警戒区域」の指定の有無を調査
して評価に反映させるようにしてください。

16-1 都市計画道路予定地補正率の容積率

> **Q** 都市計画道路予定地の補正率を選択する際の容積率は「基準容積率」で判定すると理解しているのですが、その場合の計算は、評価対象地が準工業地域にある場合は、正面路線の幅員3.2m×0.6（住居系以外）＝192％で200％未満で補正率を選択すればよいでしょうか？

A 都市計画道路予定地の補正率を選択する際の容積率は「指定容積率」と「基準容積率」の低い方で判断します。

基準容積率は評価対象地の前面の道路の幅員（m）に係数を乗じて算出します。住居系の用途地域に属する場合は係数0.4、非住居系の用途地域に属する場合は係数0.6です。

したがって、評価対象地が例えば第1種中高層住居専用地域にある場合で前面道路の幅員が4mである場合の基準容積率は4m×0.4＝160％となります。

また、準工業地域にある場合で前面道路の幅員が4mである場合の基準容積率は4m×0.6＝240％となります。この0.4、0.6という係数は自治体によっては異なる係数が定められている場合がありますので、念のため役所窓口で確認するとよいでしょう（一部エリアでは住居系係数0.6、

非住居系係数0.8)。

　ご質問のケースですが、前面道路が2項道路（建築基準法第42条2項）で3.2mの場合は「幅員4mの道路」として計算します。2項道路は別称「みなし道路」といい、「4mとみなす道路」という意味です。したがって、基準容積率は4m×0.6＝240％となりますので、都市計画道路予定地の補正率を選択する際の容積率は「200％以上」で選択します。3.2m×0.6（住居系以外）＝192％で「200％未満」とはならないのでご注意ください。

> **Q** 役所調査で評価対象地の一部が都市計画道路予定地ということがわかりました。補正率を選択する際の「地積割合」はどこまで正確に把握すればよいのでしょうか？

A まず、その都市計画道路の計画がどのような進捗状況にあるかを役所調査で明らかにします。つまり、具体的に土地の測量や買収交渉が始まっているような「事業認可」の段階か、計画の青写真だけがある「計画決定」の段階、のどちらかです。

事業認可の段階であれば、役所もしくは土地所有者が測量図を持っている可能性がありますので、これを入手して測量図に描いてある線をもとに机上で地積割合を算出します。

計画決定の段階であれば、測量図がない場合がほとんどですので、都市計画図に描かれている都市計画道路の計画線を公図などに自分で落とし込み、机上で地積割合を算出します。

役所窓口では地積割合は教えてくれませんので自分で判断しなければなりませんが、それほど神経質になる必要はありません。事業認可の段階であればある程度正確に地積割合を算出できますが、計画決定の段階は「おおよそこのあたりに道路をつくる」という計画があるだけですので、地積割合も厳密には算出できません。

このようなことから、補正率表の地積割合の区分も大雑把に「30％未満」「30％以上60％未満」「60％以上」と3区分しかありませんので、それほど細かく作業しなくても選択できます。

ただし、都市計画図に描くか、もしくはJw_cadなどのCADやかげ地計算のソフトで図面を作成し、申告書に地積割合算出の根拠として添付した方がよいでしょう。

17 税理士を悩ませる「土地の時価」

17-1 畑の贈与時の時価

Q 法人から個人へ農地を贈与した場合の評価額についての質問です。評価対象の畑は倍率地域にあります。宅地であれば、固定資産税評価額を0.7で割り戻して公示価額に近い数字を出しますが、畑についても、畑の固定資産税評価額を0.7で割り戻してそれを「時価」とすればよいのでしょうか？

A ご存じの通り、個人が法人から贈与により取得した財産は一時所得として所得税が課税され、贈与税は非課税とされています。（相続税法21の3一、所得税基本通達34-1）したがって、法人から個人へ農地を贈与した場合の評価額は「時価」となります。

そして、ご存じのとおり、公示「100」に対し、固定資産税評価額は「70」、相続税評価額「80」という比率で概ね算出されます。

したがって、宅地の場合は、固定資産税評価額を0.7で割り戻して算出した公示価格水準の価額を「時価」とすることが簡易的な手法として実務では多く採用されているようです。さらに、倍率表の宅地の倍率は1.1倍というのが多く見受けられるようです。これは固定資産税評価額を0.7で割り戻して公示価格水準にし、そこから相続税評価額水準0.8を乗じればおおよそ1.1となることに基づいています（$1 \div 0.7 \times 0.8 = 1.14\cdots$）。

これに対し、純農地、中間農地の倍率は1.1倍ではなく、3〜5倍となっているケースが多いのではないかと思います。つまり農地は0.7で割り戻しても「80」のレベルに到達しないということです。

　ご相談の畑の㎡単価は35円程度であり、これは0.7で割り戻しても到底時価ベースとはなりません（3〜5倍しても時価よりも相当低いですが）。また、畑の㎡単価の時価相場は800円程度のようですので、この単価で評価したものが時価ベースとなります（固定資産税評価額の約23倍です）。

　農地の相続及び固定資産税評価額はかなり時価よりも低いので、贈与における時価は鑑定評価を行うのが一般的です。費用対効果をよく検証して必要であれば所有者と話し合いのうえ不動産鑑定士にご相談ください。

17-2　譲渡した狭小地の評価額

Q 相続財産に3.5㎡の狭小地があり、他人が長期にわたって占有していたため35万円で譲渡しました。確定測量費用の半額25万円も負担してもらったので、実質60万円で譲渡したようになっています。この土地を路線価で評価すると100万円になりました。評価額はやはり路線価ベースの100万円で申告した方がよいでしょうか？

A 譲渡額は当事者間だけでの合意価格なので、やはり時価、市場価値とは異なるものと理解した方がよいでしょう。特に今回のようなケースは取引価格が異常に高い場合や異常に低い場合が散見されます。したがって、残念ですが今回の場合は、譲渡コストよりも高くなる路線価で評価するのが望ましいといえます。

　ただ、狭小地なので、「利用価値が著しく低下している宅地」として10%評価減して少しでも下げるようにすればよいでしょう。

　また、今回は鑑定費用との兼ね合いで鑑定評価を見送ることになると思いますが、20～30㎡程度の狭小地や帯状地は、「減税額＞鑑定費用」となるような費用対効果の高い場合もありますので、そのような土地が相続財産にあれば一度、相続税の申告に詳しい不動産鑑定士に相談した方がよいでしょう。

税理士を悩ませる　「雑種地」

18-1　同族法人が山林を借りて造成して駐車場にしている場合の評価

Q　個人が所有している山林を同族法人に賃貸し、当該法人が費用負担して造成し、駐車場として使っています。土地の賃貸借にあたっては、契約書には原状回復条項が記載されています。

　今回個人の相続が発生したので、この貸し付けられた土地を評価するのですが、この場合、造成後の雑種地としての評価を行うことになるのでしょうか？

　造成後の雑種地で評価すると、もともと個人が所有していた山林の価額からは大きく評価額が上がることになります。これについて、別の方法で評価することは考えられるでしょうか？

A　財産評価基本通達86　（貸し付けられている雑種地の評価）の注意書きは以下のように記載されています。

（注）　上記(1)又(2)において、賃借人又は地上権者がその雑種地の造成を行っている場合には、その造成が行われていないものとして82《雑種地の評価》の定めにより評価した価額から、その価額を基として87《賃借権の評価》の定めに準じて評価したその賃借権の価額又は相続税法第23条《地上権及び永小作権の評価》若しくは地価税法第24条《地上権及び永小作権の評価》の規定により評価した地上権の価額を控除した金額によって評価する。

したがって、評価対象地の周辺状況（周辺地域の標準的な利用状況）はわかりませんが、文面からだけで推測しますと、貸し付ける前の山林の評価額に造成費を加算した雑種地の評価額から賃借権の価額を控除する、という計算過程でよいと考えます。つまり賃借権を控除する前の雑種地の評価は、山林比準方式ということになります。

　以上が原則的評価となります。しかしながら、原状回復義務のある賃貸借契約であれば、造成費は考慮せず、貸し付ける前の山林の評価額から賃借権の価額を控除する、という計算過程でよいでしょう。もともと山林や原野であった土地を造成した場合、原状回復義務があるからといって賃貸借契約満了時に山林や原野の状態に戻す工事を行うことは現実的にないでしょうが、管理しなければすぐに山林や原野の状態になるでしょう。このようなことからも原状回復義務があれば、貸し付ける前の山林の評価額から賃借権の価額を控除するという計算でよいと考えます。

　原状回復義務がない場合は、賃貸借契約終了後、造成費を投じた後の状態の土地が返還されることになりますので、前述の原則的評価方法、つまり「貸し付ける前の山林の評価額に造成費を加算した雑種地の評価額から賃借権の価額を控除する」となります。賃貸借契約書の内容をよく確認して判断するようにしてください。

18-2　都市計画区域外の雑種地の評価

 評価対象地は都市計画区域外にあるのですが、普通に建物が建てられる土地として評価してよろしいのでしょうか？

A 都市計画区域外は、建築基準法自体の規制は受けますが建物敷地は建築基準法上の道路に2m以上接しなければならないという「接道義務」がありませんので、「無道路地」という概念がないエリアになります。「セットバックを必要とする土地」もありません。

　厳密に言えば、建築基準法第3章の「都市計画区域等における建築物の敷地、構造、建築設備及び用途」（第41条の2～第68条の9）の適用がないエリアということです。したがって、県の建築基準法施行条例などの条例で接道に関して規定や制限がなければ建築可能な土地として通常の評価となります。

　都市計画区域外の宅地や宅地比準方式で評価する雑種地等は、原則として無道路地やセットバックの減価は必要ない、ということになります。

　都市計画法や建築基準法上のことでわからないことがあれば、土地評価の際の減価につながる「建築時の規制」を都市計画課や建築指導課などの窓口や電話で確認するとよいでしょう。

19 税理士を悩ませる 「間口、奥行、想定整形地」

19-1 坂道の途中にある駐車場の間口距離

Q 評価対象地は坂道の途中にある月極駐車場です。地盤面は評価対象地が道路と接する部分のうち高いところにあわせて造成されており、車両の出入りは全体間口距離25mのうち、5m程度の部分から行っています。残りの20m部分には擁壁があり50cmから2m程度の高低差があるため出入りできません。このような場合、間口距離は実際に車両が出入りしている5mとしてよろしいでしょうか?

A ご質問のように坂道沿いにある土地で、道路と等高に接している部分が一部であっても、間口距離は高低差に関係なく道路に接している部分、つまり等高部分及び高低差のある部分の全体になります。

間口距離はここ

厳密にいえば、建築基準法の道路に接している部分を間口と捉えるのがよいでしょう。

19-2　2か所で道路に接する土地の間口距離

Q 評価対象地は図のように建築基準法上の道路に0.8m＋1.3mで合計2.1mに接していますが、このような場合、接道義務を満たしているといえますか？無道路地で評価するのでしょうか？また評価上の間口距離は0.8mと1.3mのどちらでしょうか？

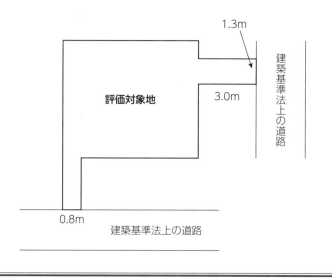

1.3m

建築基準法上の道路

評価対象地

3.0m

0.8m

建築基準法上の道路

A 結論からいいますと、この場合、評価対象地は接道義務を満たしているとはいえません。よって無道路地となります。

評価対象地は確かに建築基準法上の道路に合計で2m以上接していますが、合計ではなく1か所の接道距離が2m以上でないと接道義務を満たすことにはなりません。

よってご質問の土地は無道路地となります。

評価上の間口距離は、1.3ｍを採用すればよいでしょう。そして無道路地として評価する際の想定開設通路は（2ｍ−1.3ｍ）×3.0ｍ＝2.1㎡となります。

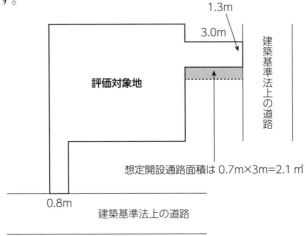

他にも次の図のような無道路地もありますので現地で気付けるようにしましょう。

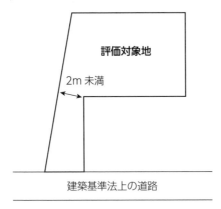

公図と現地や航空写真で確認した地形が、全く違っています。想定整形地の図面は何を基にして作成すればよいでしょうか？

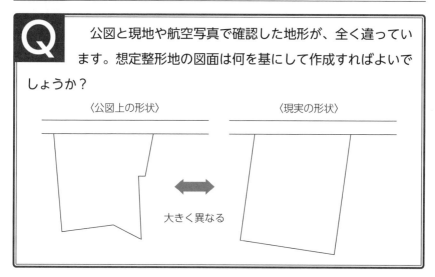

〈公図上の形状〉　　　　　　　　　〈現実の形状〉

大きく異なる

A 公図は大きく分けて「法第14条地図」と「地図に準ずる図面」の2種類があり、地形、方位、寸法等の正確性に差があります。「法第14条地図」は地籍調査を基にして作られているため、方位、形状、縮尺が正確ですが、「地図に準ずる図面」（旧土地台帳附属地図）は明治時代に作られた図面をもとにしたものであり、方位、縮尺ともに不正確なことが多く、形状も現実の状況とは異なる場合が多く見受けられます。

　評価にあたっては、測量図が存在しない、公図も地図に準ずる図面しかない、といった場合の想定整形地は次の①〜⑦を参考にして作成するのがよいでしょう。

①航空写真

②ゼンリン等の住宅地図

③道路台帳図

④現地簡易測量

⑤役所で販売されているその地域の地形図

⑥水道管の敷設状況を示した図

⑦下水道の敷設状況を示した図

　筆者が実務で頻繁に使っているのが①②③です。①②をベースに④で補う、ということもよくあります。

　これら図面や地図をJw_cadなどのCADや描画ソフトでなぞって描き、登記面積にあわせて伸び縮みさせて作成します。このやり方は実測図ほどの正確さはありませんが、「地図に準ずる図面」よりは現実の形に近づけられます。

　なお、手描きで想定整形地を作る場合は、三角定規を2つ使って直角を出しながら作ることをお勧めします。

20-1 周知の埋蔵文化財包蔵地の発掘調査費の見積

Q 評価対象地は埋蔵文化財包蔵地に指定されています。発掘調査費用の8割は評価額から控除できると思うのですが、発掘調査費用の見積もりはどのようにして入手すればよいのですか？

A 評価対象地が周知の埋蔵文化財包蔵地に該当する場合ですが、「該当する」というだけで減価するのは妥当ではありませんので、まずはこの点を認識してください。

当初申告の段階で減額できるのは、発掘調査費用がかかることが確実にわかっている、もしくはかかる可能性が高い場合です。更正の請求では、実際に要した発掘調査費用の8割相当額を控除できます。

この発掘調査費用というのは一度試しに掘ってみないといくらかかるか正確にはわかりません。そもそも発掘調査すべきかどうかさえわかりません。そこで必ず本格的な発掘調査（本調査といいます）を行う前に、行政の負担で「試掘調査」を行います。この試掘調査で遺跡の有無、遺跡の年代、遺跡の内容、発掘調査の深さ等がわかりますので、それによって、発掘調査（本調査）費用の見積もりが可能となります。試掘調査の結果、遺跡の存在の可能性が低いということになれば、発掘調査

（本調査）は行わない、ということもあります。このような場合は、「周知の埋蔵文化財包蔵地に該当するが、発掘調査（本調査）費用はかからない」、つまり評価減できない、ということになります。

　現実に建物建築や開発の計画がないにもかかわらず、試掘調査だけを行政に依頼することはできません。したがって、発掘調査（本調査）費用の有無や見積額は専門業者に依頼して付近の発掘履歴や過去の発掘調査（本調査）費用から類推した見積書を作成してもらう、というのが実務対応となります。

　なお、一般の戸建住宅程度の建築であれば、表土を50ｃｍ〜60ｃｍ程度しか掘りませんので、周知の埋蔵文化財包蔵地に該当しても試掘さえ行わず、あるかもしれない地中の文化財をそのままの状態で地下に保存しておき、将来深く掘る土木工事を行う場合にはじめて試掘調査する、という行政もあります。

　評価対象地が周知の埋蔵文化財包蔵地に該当する場合は、教育委員会などの役所調査時の窓口で発掘調査費用がかかる土地かどうか、ヒアリングしてみてください。

Q 　庭内神しの敷地の非課税扱いの件でご質問です。国税庁
HP質疑応答事例では非課税となるのは「特定の者又は地
域住民等の信仰の対象とされているもの」と記載があります。
　「特定の者」とは親族などの場合があてはまると思いますが、例
えば特定の親族間だけに信仰されている先祖の胸像が設置されてい
る部分の土地も非課税と考えてよろしいでしょうか？

A 　筆者の個人的見解ですが非課税扱いとすべきなのは、「地域住民
等の信仰の対象とされているもの」であり、特定の親族間だけで
信仰されているものは課税扱いにすべきと考えています。

　これについては土地の時価の観点から説明します。被相続人一族（先
祖代々）の信仰の対象となるものは個人的に費用負担して私有地に作ら
れていますが、稲荷、鳥居をはじめ先祖の胸像や銅像などもあります。
これらはもし仮にそれが設置されている土地を売らなければならなく
なったときは必ずどこかに移設するはずです。

　つまり、その土地の買い手は庭内神しがない状態の土地を買うことに
なります。

　一方、私有地に設置されていてもそれらが道路側にあって公道に向け
られていれば、地域住民の信仰の対象として、なくてはならないもの
（地域住民が通るたびに拝むなど）として認識されている場合もありま
す。この場合、もし仮にそれが設置されている土地を売らなければなら
なくなったときはその部分だけそこに残すか、敷地内の別の場所に移設

するかして売ることになるはずです。つまり、その土地の買い手は庭内神しがある状態の土地を買うことになります。したがってその面積分だけ安く買うことになります。

　このように土地の時価は第三者が市場で購入する際の目線で決まります。相続の評価額も「時価」と捉えられている以上、庭内神しの敷地で非課税とすべきなのは、本来、地域住民の信仰の対象となっており、かつ容易に移設できないものが存在している場合と考えます。それらが土地に定着していてその部分を所有者が自由に使えないのであれば非課税とすべき、というのが筆者の考えの根拠です。

　以上によりどのように申告するのかは相続人と相談の上、判断してください。

　最後に、国税庁HP質疑応答事例（「店内神しの敷地等」）にも「特定の者又は地域住民等の信仰の対象とされているもの」と記載されていますので、それほど深く考えずすべて非課税扱いで申告すればよいかもしれませんが、土地の時価を見据えた評価の考え方について参考になれば幸いです。

21 税理士を悩ませる 「容積率の異なる2以上の地域にわたる宅地の評価」

21-1 容積率の異なる2以上の地域にわたる宅地の評価で減額できるか①

Q 評価対象地は図のように容積率が300%と200%の地域にまたがっていますが、容積率の異なる2以上の地域にわたる宅地の評価の減額はできますか？

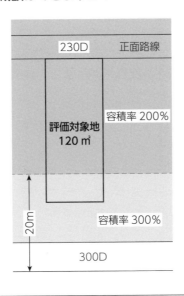

A まず、容積率と路線価の関係ですが、容積率の数値の大きい方が相対的に地価も高いので路線価もそれに比例して高く設定されています。

そしてこの「容積率の異なる2以上の地域にわたる宅地の評価」の規定は「道路沿いの高い路線価に対して設定されている路線価で背後の低い容積率の部分まで評価するのは高く評価し過ぎなので減額しましょう」という規定です。

　今回ご相談の土地の場合、正面路線価は容積率200％に対応する230,000円/㎡です。評価対象地の一部に容積率300％の部分がありますが、正面路線からみた背後にある高い容積率なので適用対象とはなりません。正面路線からみた背後の容積率が300％ではなく、200％よりも低い100％や80％などであれば適用対象となります。

　国税庁HP質疑応答事例や専門書で解説されていない事例に遭遇した場合は、減額の規定の趣旨を理解し、なぜこの減額規定が設けられているのか、を考えれば自ずと今回のような応用事例にも対応できるようになります。是非、減価規定の趣旨を理解し「土地評価リテラシー」を高めていきましょう。

Q 評価対象地は図のように容積率が300％と100％の地域にまたがっていますが、容積率の異なる2以上の地域にわたる宅地の評価の減額はできますか？

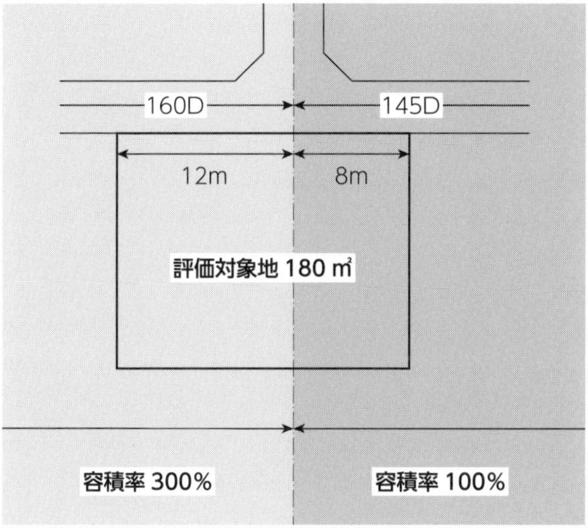

| 160D | 145D |

12m　　8m

評価対象地 180 ㎡

容積率 300％　　　容積率 100％

A 結論からいいますと、評価対象地は残念ながら容積率の異なる2以上の地域にわたる宅地の評価の適用対象とはなりません。

　容積率、用途地域の境で路線価も異なっており、容積率300％の部分は160,000円/㎡、容積率100％の部分は145,000円/㎡ですので、正面路線価は接道距離按分となります（12ｍ／（12ｍ+8ｍ）× 160,000円/㎡　+　8ｍ／（12ｍ+8ｍ）× 145,000円/㎡＝154,000円/㎡）。

　したがって、今回の評価対象地の評価では容積率300％に対応する路

線価160,000円/㎡で全体地を評価するわけではなく、100％に対応する路線価145,000円/㎡も反映された評価となりますので適用対象とはなりません。

「土地区画整理事業施行中の宅地」

22-1 土地区画整理事業施行中の宅地の評価時の留意点

Q 路線価図で「個別評価」となっている土地区画整理事業施行中の宅地ですが、正面路線には路線価が付されています。個別評価申請せずにこの路線価で評価してよいのでしょうか？

評価対象地

区画整理事業区域
（個別評価）

A 結論からいいますと、ご質問の路線価は土地区画整理事業施行区域外の土地の評価で使うものですので、土地区画整理事業施行区域内であれば個別評価申請して評価対象地の評価単価を回答してもらいます。結果として「160D」と回答があるかもしれませんが、評価対象地は個別評価の区域内にありますので、個別申請が原則となります。

個別評価の回答は特定路線価と同様、2週間から1か月程度時間を要しますので早めに申請することをお勧めします。ただし、区画整理事業が進んでいて区域内の区画や道路が出来上がっている場合は、公表はさ

れていませんが税務署が既に路線価を設定していることもありますので
その場合は比較的早く回答されます。

　なお、従前地の評価か、仮換地の評価かの方針は、仮換地の「使用収
益開始日」がいつか、による場合が多いので評価対象地が土地区画整理
事業施行区域内にあるとわかった段階で相続人に開始日の通知書の開示
を求める、もしくはそれが所在不明の場合は土地区画整理事業組合等に
必ず確認するようにしてください。

税理士を悩ませる 「建築基準法の規定」

23-1 建築協定は減価要因にならないのか

Q 　評価対象地は第1種低層住居専用地域にありますが、建築協定もあるためかなり厳しい建築制限があるように思えます。この建築協定の規定による減価というのは考慮できないのでしょうか？

A 　役所調査をしていると窓口担当者に「この地域には建築協定があります」と言われることがあります。建築協定の建ぺい率、容積率は都市計画で決められたものより厳しく、「外壁後退」もあり、建築規制が厳しいように感じます。したがって「減価要因にならないものだろうか」と思ってしまいますが、結論からいいますと減価要因とはなりません。

　これらの規制はその地域全体の環境を高めるためのものです。その規制のために街並みがきれいになったり、商店街が活性化したりすれば区域内の土地の価値が上がることにつながり、それが路線価にも反映されていると考えられます。評価対象地だけをみれば厳しい建築規制のように感じますが、それはその地域全体に対する規制であり、評価対象地だけが特別に建築制限されているわけではありませんので、減価にはつながりません。

ちなみに建築協定は、建築基準法第69条～第77条に基づいて、市町村が条例で建築協定を締結できる旨を条例で定めることができ、その条例に基づいて定められています。地域の住民、土地所有者等が全員の合意で自主的に建築に関する基準であり、その区域内における建築物の敷地、位置、構造、用途、形態、意匠又は建築設備に関する基準を規定できます。「私法的契約」という性格を持っており、公法上の権利制限ではありませんので、その建築規制は、建築確認での確認事項にはならず、規制に従っていない建築確認申請があっても、市町村による違反是正の対象にはなりません。

23-2　壁面線の指定は減価につながるか

Q 評価対象地の正面路線には市の「壁面線」の指定がなされています。この壁面線の指定で評価上何か減額につながることはありますか？

A 結論からいいますと、壁面線の指定は街並みを整えるためであって、特に土地の価値を減ずるような規制ではありません。

壁面線の指定については、建築基準法第46条1項、同第47条で以下のように規定されています。

第46条（壁面線の指定）
特定行政庁は、街区内における建築物の位置を整えその環境の向上を図るために必要があると認める場合においては、建築審査会の同意を得て、壁面線を指定することができる。（略）
第47条（壁面線による建築制限）
建築物の壁若しくはこれに代る柱又は高さ二メートルをこえる門若しくはへいは、壁面線を越えて建築してはならない。（略）

壁面線の指定及び壁面線による建築制限があったとしても容積率を限度まで利用できる状態もしくは容積率を限度まで利用した建物が建っている場合は、評価上も減価の必要はありません。

同様に減価の必要がない「外壁後退」というものもあります。

第54条（第一種低層住居専用地域等内における外壁の後退距離）
第一種低層住居専用地域、第二種低層住居専用地域又は田園住居地域内においては、建築物の外壁又はこれに代わる柱の面から敷地境

界線までの距離（以下この条及び第八十六条の六第一項において「外壁の後退距離」という。）は、当該地域に関する都市計画において外壁の後退距離の限度が定められた場合においては、政令で定める場合を除き、当該限度以上でなければならない。

2　前項の都市計画において外壁の後退距離の限度を定める場合においては、その限度は、一・五メートル又は一メートルとする。

一方、この壁面線、外壁後退と似ている「建築線」というものがあります。

この建築線というのはセットバックと同じ概念のものです。建築関連の法令や条例、指導要綱等でエリアごとに定められていますが、セットバックと同様に評価上減価します。

「壁面線、外壁後退は街並み維持のための建物の建物外壁ラインの規制→敷地は削られない」

「建築線は道路拡幅のための道路境界ラインの規制→敷地が削られる」ということです。しっかりと役所調査で内容を確認し、適正に減価判断をするようにしてください。

なお、壁面線による建築制限を建築基準法第42条2項道路のセットバックと同様に捉え減価すべきである請求人の主張は採用できない旨の国税不服審判所裁決例（平成13年10月25日裁決）もありますので、参考にしてください。

　　請求人は、建築基準法第47条《壁面線による建築制限》による土地のセットバックを受ける部分の土地の評価については、建築物が建築できず附帯的利用しかできないので、建築基準法第42条《道路の定義》第2項に規定する将

来道路の敷地として提供する土地部分と同様に、更地価額の30％の価額を控除した価額を評価額とすべきであると主張する。しかしながら、建築物は建築できないとしても、さく、垣の敷地又は庭等としての利用は可能であるから、宅地に便益を与え、一体として宅地の効用が発揮される土地と認められ、更にセットバックを受ける部分の土地の面積については、容積率及び建ぺい率の算定をする場合の敷地面積にも算入される。そうすると、セットバックを受ける部分の土地の評価については、建築基準法第４２条第２項に規定する将来道路の敷地として提供する土地部分とは同一視することはできず、宅地としての効用が発揮される土地と認められ、更に評価減をしなければならない特別の理由も認められないので、請求人の主張は採用できない。(平13.10.25沖裁（諸）平13-5)

(出所：国税不服審判所裁決要旨検索システム)

◆執筆者プロフィール◆

鎌倉　靖二　不動産鑑定士
みらい総合鑑定株式会社 代表取締役

福岡市生まれ。修猷館高校、明治大学政経学部卒業後、大和ハウス工業株式会社を
経て、相続・同族会社専門の不動産鑑定事務所として2010年創業。

現在、全国の税理士事務所、会計事務所向けに相続・贈与における土地評価の現地
調査、役所調査、評価額算出、評価方針アドバイス、図面作成、セカンドオピニオ
ン等を主に行う。

2018年、会員組織「税理士のための土地評価実務研究会」を立ち上げ、セミナー動
画・個別質問回答・リアルタイム情報発信で土地評価の疑問解決とスキルアップの
支援をしている。税理士会等でのセミナー研修、講演多数。

主な著書に『相続税ゼロの不動産対策』（共著、幻冬舎MC、2013年）、『相続税・贈
与税 土地評価実務テキスト ～基礎から具体的な減価要因の見極め方まで～』（税務
研究会出版局、2014年）、『広大地評価ケーススタディ　20の厳選事例から判定スキ
ルを身につける』（中央経済社、2014年）、『税理士のSOSに答える 実例解説 土地
評価の実務対応　減価要因の「見つけ方」「気付き方」』（清文社、2016年）等。

税理士を悩ませる 相続・贈与の土地評価Q&A 100選

令和 4 年 8 月 30 日　第 1 刷発行
令和 6 年 10 月 21 日　第 7 刷発行

著　者　　　**鎌　倉　靖　二**

発　行　　　**株式会社ぎょうせい**

〒136-8575　東京都江東区新木場1-18-11
URL：https://gyosei.jp

フリーコール　0120-953-431

ぎょうせい　お問い合わせ　検索　https://gyosei.jp/inquiry/

〈検印省略〉

印刷ぎょうせいデジタル㈱　　　　　　　　　　©2022　Printed in Japan
※乱丁・落丁本はお取り替えいたします。

ISBN978-4-324-11178-9
(5108817-00- 000)
［略号：悩ませる土地評価］